영어작문

누구나 배울 수 있는

프로젝트

— 문법 정리 —

KB146984

(누구나 배울 수 있는)

영어 작문 프로젝트
문법 정리

누구나 배울 수 있는 ——————

영어 작문 프로젝트 문법 정리

펴 낸 날   초판 1쇄 2020년 6월 17일

지 은 이   조병대
펴 낸 곳   투데이북스
펴 낸 이   이시우
교정·교열   Thomas Frazer, 곽나연, 장예린, 박명희
편집 디자인   박정호
출판등록   2011년 3월 17일 제307-2013-64 호
주   소   서울특별시 성북구 아리랑로 19길 86, 상가동 104호
대표전화   070-7136-5700 팩스 02) 6937-1860
홈페이지   http://www.todaybooks.co.kr
페이스북   http://www.facebook.com/todaybooks
전자우편   ec114@hanmail.net

ISBN 978-89-98192-87-7 53740

영어 작문

누구나 배울 수 있는

프로젝트

— 문법 정리 —

조병대 지음

투데이북스
TodayBooks

목차

CHAPTER 1. 품사와 명사 시리즈

CHAPTER 2. 부사 시리즈

CHAPTER 3. 수동태 문장, 4,5형식 문장

CHAPTER 4. 형용사 시리즈와 명사구

머리말

영어 작문 프로젝트 1권과 2권을 펴낸 지 4년이 지났습니다.

다음 카페(E 문장강화)를 만들고 강의 내용을 촬영했던 당시에는 학생들이 많이 활용해 줬으면 하는 바람이었는데 오히려 일반인들이 더 활발하게 활용해 주시고 있습니다.

그동안 저는 영어 강사에서 목수라는 직업으로 전업도 했고 모니터 앞에 앉는 시간이 거의 없어져 버렸습니다. 나무를 다듬고 깎아 누군가 사용할 가구를 만들고 하다 보면 좀 더 빨리 이 일을 시작하지 않은 것이 아쉽다는 생각도 듭니다.

가장 좋은 점은 작업 시간 동안에는 말을 하지 않아도 된다는 것입니다.

말로 무언가를 전달해야 한다는 것이 누군가 앉아 쉬게 될 의자를 만들고 가족들이 둘러앉을 식탁을 만들고 하는 것보다 어렵고 허한 일이라는 것을 실감한 시간이었습니다.

이런저런 핑계로 다음 카페(E 문장강화) 관리는 뒷전으로 밀려버렸습니다.

가끔 카페를 통해 격려해 주시고 재촉해 주시는 글들이 있어 늘 미안한 마음이었고 또 느릿느릿하게나마 이어오던 작업을 계속할 수 있는 힘이 되었습니다.

이 책은 영어 작문 프로젝트 1권, 2권에 있는 문법 부분만 발췌해서 엮은 책입니다. 출판사 대표님께서 그렇게 해 보면 좋겠다는 제안을 해 주셨습니다.

수업할 때 학생들에게 진도가 어느 정도 나가고 나면 중요 부분만 A4 용지 한 장에 정리하게 시키곤 했습니다. 그것이 문법 전체를 스스로 설명할 수 있는 좋은 방법일 수 있었지요.

카페에 [영어 작문 문법 정리] 방을 만들어 기존의 강의와 짧은 추가 강의를 모아두겠습니다. 카페를 활용하시는 분들께 도움이 되었으면 하는 바람입니다.

2020년 6월

저자 조병대

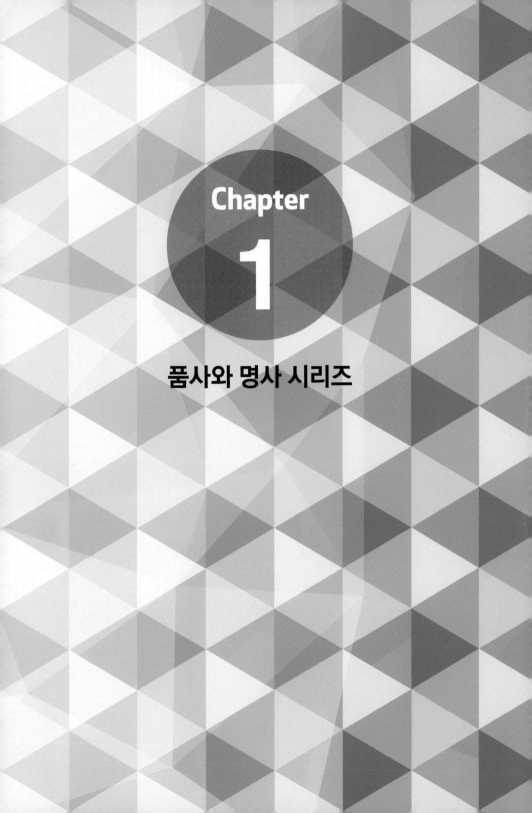

Chapter
1

품사와 명사 시리즈

품사와 명사 시리즈

단어는 문장을 만드는 기본 단위입니다.

그리고 문장의 기본 단위인 단어들을 **품사**(명사, 동사, 형용사, 부사 등)로 구분합니다.

그러면 단어를 품사로 구분하는 기준은 무엇일까요?

그건 바로 **단어의 기능**입니다.

즉, 명사, 동사, 형용사, 부사는 문장 속에서 서로 하는 일이 다르다는 뜻이지요.

우리는 먼저 기본 품사의 기능과 동사의 시제와 의미 표현을 익힌 후, 명사와 기능은 같지만 형태가 다른 명사구, 명사절, 동명사, 부정사를 자유롭게 활용할 수 있는 다양한 문장을 연습해 보도록 하겠습니다.

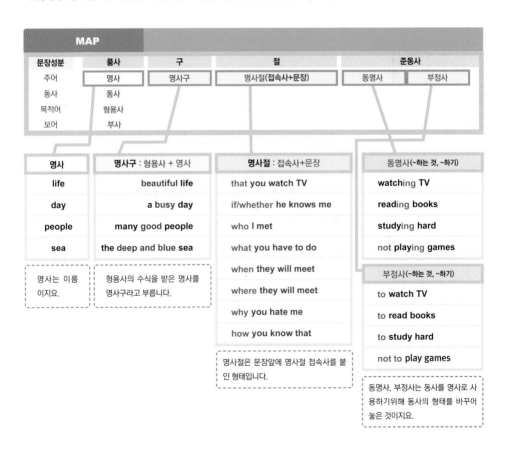

한국어는 **명사**에 **주격조사(~은, ~는, ~이, ~가)**를 붙여 문장의 주어로 사용합니다. [명사 + 은, 는, 이, 가 = 주어]
영어 역시 명사를 주어로 사용하지만 명사가 주어임을 표시해 주는 조사가 없습니다. [영어는 조사가 없습니다.]

동물들은 숨 쉰다.	Animals breathe.
너는 자는구나.	You sleep.
꽃들이 핀다.	Flowers bloom.
나무가 속삭인다.	The tree whisper**s**.
선생님께서 기침하셔.	Our teacher cough**s**.

> 영어는 주어가 3인칭 단수(He, She, It, This, That)에 해당
> 하면 동사의 현재 형태에 '~s, ~es'를 붙여 줍니다.
> My father(=He) smoke**s**.
> His wife(=**She**) teach**es** English.
> This animal(=**It, This, That**) eat**s** plants.
> **She** wash**es** her clothes.

위의 문장들은 '**주어, 동사**'만으로도 문장이 완성됩니다. 이런 문장을 **1형식문장(S+V)**이라고 하지요.
하지만 동작의 대상인 **동사의 목적어**가 있어야 문장이 완성되는 동사들도 있습니다.

나는 태권도를 배워.	I learn taekwondo.
동물들이 이 물을 마신다.	Animals drink this water.
그 선생님은 날 미워하셔.	The teacher hate**s** me.
그의 아내는 과학을 가르치지.	His wife teach**es** science.
철수는 수학을 공부한다.	Chulsu stud**ies** math.
아버지가 이 게임을 좋아하셔.	My father enjoy**s** this game.

> [동사에 '~**es**, ~**ies**'를 붙여야 하는 경우]
> 1. '~o, ~s, ~x, ~ch, ~sh'로 끝나면 '~**es**'　　　　goes, does, miss**es**, mix**es**, teach**es**, wash**es**
> 2. '자음+y' 로 끝나면 '~y' 를 '~i'로 바꾸고 '~**es**'　　cry : cr**ies**, study : stud**ies**, try : tr**ies**, fly : fl**ies**
> 　 '모음(a, e, i, o, u)+y' 로 끝나면 그냥 '~**s**'　　　　enjoy : enjoy**s**, stay : stay**s**

동사의 목적어가 필요한 문장을 **3형식문장(S+V+O)**이라고 합니다.
한국어는 **명사**에 **목적격조사(주로 '~을, ~를' 가끔 '~이, ~가')**를 붙여 동사의 목적어로 사용합니다. [명사 + 을, 를 = 목적어]
하지만 영어는 조사가 없습니다. 그래서 명사를 **동사 뒤**에 써서 그 명사가 동사의 목적어임을 표시해 줍니다.
당연히 **동사 앞**의 명사는 주어가 되겠지요. [명사(주어) + 동사 + 명사(목적어)]

✿ **명사**(noun)가 주어(subject:**S**)와 동사의 목적어(Object of verb:**Ov**)의 기능을 담당하는 것은 한국어, 영어 모두 같습니다. 다만 명사의 기능을 표시하는 방법이 다를 뿐이지요. 한국어는 조사(주격조사, 목적격조사)로 명사의 기능을 표시하기 때문에 주어와 보어 또는 목적어가 나란히 등장할 수 있습니다. 따라서 동사형어미(~**다**)로 끝나는 동사가 문장의 끝에 위치하게 되지요. 조사가 없는 영어는 명사의 위치[**동사 앞, 동사 뒤**]로 명사의 기능을 표시합니다. 그래서 동사는 항상 주어 바로 뒤에 위치해야 하지요.

결국 명사의 기능을 표시하는 방법이 다르기 때문에 한국어와 영어의 어순(말의 순서) 차이가 발생하는 것입니다.

명사의 기능 표시	1형식문장	3형식문장
한국어: 조사와 어미	주어 + 동사^(~다.)	주어 + 동사의 목적어^(~을,~를) + 동사^(~다. : 반드시 문장 끝)
영어: 명사의 위치	주어 + 동사	주어 + 동사^(반드시 주어 뒤) + **동사의 목적어**^(동사 뒤)

보충 tag

영어의 문장형식에는 다섯 가지가 있습니다.

1형식 : 주어+동사
2형식 : 주어+동사 + ^{주격}보어 [16 page – **명사보어**, 18 page – **형용사보어**]
3형식 : 주어+동사 + 목적어 [42 page – **준동사를 목적어로 사용하는 동사**, 44 page – **명사절을 목적어로 사용하는 동사**]
4형식 : 주어+동사 + 간접목적어 + 직접목적어 [90 page]
5형식 : 주어+동사 + 목적어 + ^{목적격}보어 [94 page]

또한 목적어가 문장의 주어로 변하는 **수동태** 역시 중요한 문장형식이므로 함께 익혀두면 좋겠습니다.

3형식의 수동태 : 주어 + be PP + (by ~) [85 page]
4형식의 수동태 : 주어 + be PP + 직접목적어 [106 page]
　　　　　　　　주어 + be PP + 간접목적어 + to ~ [92 page]
5형식의 수동태 : 주어 + be PP + 보어 + (by ~) [97 page]

문장형식을 대충 이해하고 나면 각 형식에 자주 사용되는 동사를 정리해 두고 활용할 수 있도록 연습해야 합니다.

이해는 이해고 활용은 활용이니까요.

동사가 언제 발생한 일인지 표현하는 것을 **동사의 시제**(time tense)라고 하고 현재의 일이면 **현재시제**, 과거의 일이면 **과거시제**라고 하지요. (미래시제는 조동사(p38)에서 공부하겠습니다.)

한국어는 동사원형을 '~ㄴ, 는다.'의 형태로 바꾸어 현재시제를 표현하고, '~ㅆ, ~었다.'로 바꾸어 과거시제를 표현하지요. 즉, 동사의 형태로 시제를 표현합니다. 동사원형은 사전에서 찾을 때 보이는 동사의 형태지요.

한국어의 동사원형은 그대로 문장에 사용하지 못 합니다.

[• 공부하다^(동사원형) • 공부한다^(현재) • 공부했다^(과거)]

현재 : ~ㄴ, 는다	과거 : ~ㅆ, 었다
하늘이 열린다.	하늘이 열렸다.
난 제비꽃이 좋다.	난 제비꽃이 좋았다.
비가 그친다.	비가 **그쳤다.**
모든 것은 변해.	모든 것이 변했어.
그녀는 무지개를 그린다.	그녀는 무지개를 그렸다.
우린 그걸 알고 있다.	우린 그걸 **알고 있었다.**

영어 역시 동사의 형태를 바꾸어 과거시제를 표현합니다.

현재시제는 동사원형과 같습니다. 물론 3인칭 단수가 주어일 때는 동사에 '~s, ~es'를 붙여주어야 하지요.

과거시제는 주로 동사원형에 '~ed'를 붙여 표현하며 이런 동사들을 규칙변화동사라고 합니다.

하지만 일부 동사들은 과거형태가 정해져 있으며 이런 동사들을 불규칙변화동사라고 하지요.

현재	과거
The sky opens.	The sky open**ed**.
I like violets.	I like**d** violets.
Rain stops.	Rain stop**ped**.
Everything changes.	Everything chang**ed**.
She draws a rainbow.	She **drew** a rainbow.
We know that.	We **knew** that.

과거시제의 표현을 위해서는 동사의 과거형태에 익숙해야 합니다. 특히 불규칙 동사는 따로 암기해야 하니까 쉽지 않지요. 문장을 써 나가면서 조금씩 익숙해지면 되는 것이니까 큰 부담을 가질 필요는 없습니다.

규칙변화 동사				
보통은 '~ed'만 붙입니다.	'~e'로 끝나면 '~d'만 붙입니다. '자음+y'로 끝나면 'y'를 'i'로 바꿉니다.		'모음+자음'이 하나 뿐이면 자음을 한번 더 써 줍니다.	
동사원형+ed	동사원형(e)+d	동사원형(자음y)+(i)ed	동사원형+자음+ed	불규칙변화동사
act - act**ed**	agree - agree**d**	cry - cr**ied**	beg - beg**ged**	cut - **cut**
bark - bark**ed**	bake - bake**d**	carry - carr**ied**	chat - chat**ted**	put - **put**
call - call**ed**	create - create**d**	deny - den**ied**	drop - drop**ped**	come - **came**
enjoy - enjoy**ed**	decide - decide**d**	dry - dr**ied**	hop - hop**ped**	drink - **drank**
fail - fail**ed**	erase - erase**d**	hurry - hurr**ied**	nod - nod**ded**	feel - **felt**
help - help**ed**	hope - hope**d**	study - stud**ied**	stop - stop**ped**	buy - **bought**
kill - kill**ed**	save - save**d**	try - tr**ied**	slip - slip**ped**	say - **said**
laugh - laugh**ed**	tie - tie**d**	worry - worr**ied**	skip - skip**ped**	take - **took**

보충 tag

불규칙 동사는 120 page에 정리해 두었습니다.

2 명사와 be 동사로 문장쓰기 : 2형식문장과 명사보어

한국어는 **명사**에 **보격조사**(~이, ~가)와 종결어미(~다)를 붙여 주어가 누구인지, 무엇인지 표현합니다.
보통 받침이 없는 명사 뒤의 보격조사는 생략하지요.
하지만 조사가 없는 영어는 **명사**를 '**be 동사**'로 연결해 주어가 누구인지, 무엇인지 표현합니다 .
이때 'be 동사'는 다른 동사들과는 달리 특별한 의미가 없습니다.

넌 인조인간이야. (나 = 인조인간)	I am a cyborg. (I = a cyborg)
난 사고뭉치였지. (이었지.)	I was a troublemaker.
그는 우리의 영웅이다.	He is our hero.
그녀는 내 우상이었지.	She was my idol.
이건 내 자전거다.	It is my bike.
우리는 한국인이야.	We are Koreans.
그들은 제 친구들이었습니다.	They were my friends.
그것이 나의 꿈이었습니다.	That was my dream.
넌 나의 천사야.	You are my angel.

'**be 동사**' 뒤의 명사는 주어가 누구인지, 무엇인지 표현해 주며 주격보어 또는 명사보어(noun complement: **Cn**)라고 부릅니다. 주어와 명사보어는 당연히 서로 같은 대상이겠지요.
[**주어 = 명사보어** : 나 = 인조인간, 그 = 영웅]
이렇듯 동일한 대상이 연결된 문장을 **2형식문장**이라고 부릅니다. 그리고 '**be 동사**'는 특별한 의미 없이 주어와 명사보어를 연결해 주는 역할을 합니다. 문장이 이루어지려면 '**주어와 동사**'가 있어야 하기 때문이지요.
즉, 'be 동사'는 특별한 뜻은 없지만 문장을 이루기 위해서는 꼭 필요한 중요한 동사입니다.

보충 tag

영어의 be 동사는 다양한 품사, 구, 절 등이 결합할 수 있습니다.

This **is** your future.	be + 명사
This flower **is** my old friend.	be + 명사구
This **is** what I really want to do now.	be + 명사절
His only hobby **was** walking his dog.	be + 동명사구
My wish **is** to see the two Koreas united again.	be + 부정사구
This **is** enough.	be + 형용사
This **is** older than this universe.	be + 형용사구
Our future **is** there.	be + 부사
I will **be** with you.	be + 부사구
Are you laughing at me?	be + 현재분사구
She **was** chased by someone.	be + 과거분사구

be 동사가 이렇듯 다양한 형태들과 결합할 수 있는 이유 중 하나는 be 동사 자체가 특별한 뜻을 가지고 있지 않고, 그저 주어와 어떤 형태를 연결(link)해 주기만 할 뿐이기 때문이지요.
be 동사와 결합하는 형태들만 따로 모아 공부해 두어도 많은 문법에 익숙해 질 수 있습니다.

주어의 상태가 항상 같을 수는 없지요. 주어의 상태는 변하기도 하기 때문에 '~가/이 되다'의 표현이 필요합니다.
이때는 'be 동사' 대신 **'become-became'**으로 주어의 상태 변화를 표현합니다.

그 소년은 인조인간이 되었다.	That boy became a cyborg. (boy = a cyborg)
그 애벌레는 나비가 된다.	The caterpillar becomes a butterfly.
그 별은 블랙홀이 된다.	The star becomes a black hole.
길동이가 산적 두목이 되었다.	Gildong became a bandit leader.
그 이야기는 전설이 되었지.	That story became a legend.

become	=	be	+	come
되다		상태가		바뀌다

문장은 최소한 주어와 동사를 가지고 있어야 하지요. 그리고 동사의 종류에 따라서 목적어, 또는 보어가 필요합니다.
동사는 목적어가 필요한 **타동사**(transitive verb), 목적어가 필요 없는 **자동사**(intransitive verb)로 구분할 수 있습니다.
1형식과 2형식문장의 동사는 목적어가 필요 없으니까 자동사, 3형식문장은 목적어가 필요하니까 타동사에 속하겠지요.
그리고 **'주어, 동사, 목적어, 보어'**는 문장의 뼈대를 이루며 **문장성분(part of sentence)**이라고 부릅니다.

MAP

문장성분	품사
주어	명사
동사	동사
목적어	
보어	

명사는 주어, 목적어 뿐만 아니라 명사보어의 기능도 담당합니다.

동사는 문장의 서술어(동사)의 기능만 담당합니다.

보충 tag

영어를 공부할 때는 문장성분과 품사를 헷갈리지 않도록 잘 이해해 두어야 합니다. 한국어도 마찬가지지요.
품사가 모여 문장이 되고 문장이 만들어 지면 문장성분을 따질 수 있습니다.

	The fox	became	my friend.
품사	명사	동사	명사
문장성분	주어	동사(서술어)	보어
	The fox	has tamed	the little prince.
품사	명사	동사	명사
문장성분	주어	동사(서술어)	목적어

형용사의 기능 : 명사수식과 형용사보어

한국어의 형용사는 **형용사형어미**(~ㄴ, 는)로 끝나며 명사 앞에서 명사를 꾸며주지요. **[네 넓은 마음]**
그리고 형용사형어미를 **동사형어미**(~다)로 바꾸면 쉽게 **동사처럼** 사용할 수 있습니다. **[네 마음은 넓다.]**

명사구 : 형용사(~ㄴ)+ **명사** ➡	2형식문장 : ~다
그 **길고 푸른 바다**	그 **비다는** 깊고 푸드나.
부지런한 개미	개미는 부지런하다.
이 **작은 곤충**	이 곤충은 작다.
저 **이상한 그림**	저 그림은 이상하다.
대부분의 **바쁜 사람들**	대부분의 사람들은 바쁘다.
몇몇 **어려운 질문들**	몇몇 질문들은 어려웠다.
우리 **엄한 선생님**	우리 선생님은 엄하셨다.

형용사의 꾸밈을 받은 명사를 명사구(noun-phrase)라고 부릅니다. 구(phrase)란 누 개 이상의 단어가 모여 하나의 품사 역할을 하는 형태를 뜻하지요. 그러니까 **명사구**란 기능은 **명사**(noun), 형태는 **구**(phrase)라는 뜻이지요.

명사	명사구
내 친구들	내 소중한 친구들
이 시간	이 행복한 시간
그 이야기	그 오래된 이야기

보충 tag

명사구는 영어 작문 프로젝트 2권에서 충분히 다루게 됩니다.

구(phrase)는 형태의 이름입니다. 그래서 기능과 합쳐져 몇 가지 구가 만들어 지지요.

명사구	a sad story 슬픈 이야기, flowers in the vase 꽃병의 꽃들, the moon reflected on the water 물에 비친 달
형용사구	bigger than your head 네 머리 보다 큰, in front of you 네 앞에 있는, strong enough to break it 그걸 깨부술 만큼 튼튼한
부사구	in the air 공중에, as soon as you can 가능한 빨리

또 준동사(동명사, 부정사, 분사)들 역시 단어만 있을 때와 달리 구의 형태를 구분해 주기도 합니다.

동명사구	living without you 너 없이 산다는 것, reading his writings 그의 글을 읽기
부정사구	to talk about our future 우리 미래에 대해서 이야기 한다는 것, to control the situation 상태를 컨트롤하기
현재분사구	following me 나를 따라다니는, sleeping under the tree 나무 아래서 자고있는
과거분사구	made in Korea 한국에서 만들어진, attracted by the lights 불빛에 이끌려

영어의 형용사 역시 명사 앞에서 명사를 수식합니다. 하지만 한국어와 달리 통일된 형태의 '**어미**'가 없기 때문에 형용사를 동사처럼 사용할 수는 없습니다. 대신 영어는 '**be 동사**'를 형용사와 결합시켜 동사처럼 사용할 수 있습니다. 즉, 형용사를 **보어**로 사용하는 것이지요. 이때는 형용사를 형용사보어라고 부르며 **2형식문장**으로 분류합니다.

명사구 : **형용사+명사** ➡	문장 : **be** + 형용사
the deep and blue sea	The sea **is** deep and blue.
diligent ants	Ants **are** diligent.
this small insect	This insect **is** small.
that strange picture	That picture **is** strange.
most busy people	Most people **are** busy.
some difficult questions	Some questions **were** difficult.
our strict teacher	Our teacher **was** strict.

형용사는 '**be 동사**'와 함께 **주어의 상태**를 표현해 주며, 주격보어 또는 **형용사보어** (adjective complement: **Ca**)라고 부릅니다. 즉, 형용사는 명사수식 기능과 형용사보어 기능을 담당합니다.
그래서 2형식문장의 **주격보어**는 **명사보어** (Cn)와 **형용사보어**(Ca)로 구분해 두는 것이 편리하지요.

2형식문장	주격보어의 종류
I am a Korean.	명사보어(Cn)
I am happy.	형용사보어(Ca)

단어(word)는 고유의 기능을 가지고 있습니다. 따라서 단어는 기능(function)에 따라 분류할 수 있고, 단어를 기능에 따라 분류한 것을 **품사**(part of speech)라고 부릅니다. 지금까지 **명사**, **동사**, **형용사**의 기능을 간단히 살펴 보았습니다.

문장성분	**품사**	구
주어	명사	명사구
동사	동사	
목적어	형용사	
보어		

MAP

- 명사와 명사구는 주어, 목적어, 명사보어의 기능을 담당합니다.
- 동사는 문장의 서술어(동사)의 기능만을 담당합니다.
- 형용사는 명사수식과 형용사보어의 기능을 담당합니다.

2형식 동사 : 주어의 상태는 변화, 유지, 감각된다.

영어의 'be 동사'는 주격보어(명사보어, 형용사보어)와 함께 주어의 상태를 묘사합니다.

하지만 주어의 상태는 변화, 유지, 감각의 대상이 될 수 있습니다. 그래서 다른 2형식 동사들도 필요하지요.

물론 다른 2형식동사들도 보어(complement: C)를 필요로 하며, 목적어(Ov)가 필요 없기 때문에 **자동사**로 분류됩니다.

• **수어의 상태는 변한다.**

그가 학생이 되었다.	He became a student.
물이 차가워 졌어.	Water became cold.
어머니는 화가 나셨다.	My mother got angry.
그 고양이는 뚱뚱해 졌다.	The cat grew fat.
네 얼굴이 창백해 졌어.	Your face turned pale.
우유는 쉽게 상한다.	Milk goes bad easily.
꿈들은 이루어 진다.	Dreams come true.

• **주어의 상태는 유지 된다.**

누나는 화난 채로 있다.	My sister remains angry.
나는 깨어 있었다.	I stayed awake.
그들은 침묵한 채로 있었다.	They kept silent.

• **주어의 상태는 감각(느낌, 눈, 코, 입, 귀)된다.**

나는 피곤한 것 같다. (느낌)	I feel tired.
넌 행복해 보여.	You look happy.
그들은 건강해 보였다.	They seemed healthy.
그녀는 화난 것 같아.	She sounds angry.
네 발은 냄새가 끔찍하다.	Your feet smell terrible.
이 과일은 맛이 좋다.	This fruit tastes good.

2형식 동사	
○ 상태	
be	~(이)다
○ 변화 : ~되다, ~지다	
become	~되다, ~해 지다
get	~되다, ~해 지다
grow	~되다 (서서히 변함)
turn, fall	~되다 (갑자기 변함)
go	~되다 (좋지 않게 변함)
come	~되다 (어떤 결과에 도달하다.)
○ 유지 : ~인 채로 있다, ~한 상태를 유지하다	
remain	여전히 ~다, ~로 남다
stay	여전히 ~다, ~로 남다
keep	여전히 ~다
○ 감각 : ~한 것 같다	
feel	**~것 같다,** ~느끼다. 기분이 ~하다
look, seem	**~것 같다,** ~하게(듯) 보이다
sound	**~것 같다,** ~하게(듯) 들리다
smell	**~것 같다,** ~한 냄새(향기) 나다
taste	**~것 같다,** ~한 맛이 나다

보충 tag

2형식 동사는 그리 많지 않기 때문에 정리해두고 자주 써 보는 것이 좋습니다. 특히 '주어의 상태표현, 변화, 유지, 감각' 이렇게 정리하면 편리하지요. 그리고 몇 개의 2형식 동사를 추가해 보겠습니다.

○ **appear - appeared** [~인 것 같다, ~해 보인다]
appear 의 의미는 look, seem 과 같습니다. 다만 look, seem 보다는 격식적인 표현에 많이 사용합니다.

She appeared calm and relaxed.
그녀는 침착하고 차분해 보였다.

appear 은 to, to be 와 함께 사용되는 경우가 많습니다.
seem 역시 그렇지요. [34, 35 page seem to 참조]

She appears **to** hesitate.
그녀는 망설이는 것 같다.

She didn't appear **to be** nervous at all.
그녀는 초조해 보이지 않았어.

○ **prove - proved** [~로 판명되다, ~로 드러나다]

That proved (to be) true.
그것은 사실로 판명되었다.

The painting proved to be a fake.
그 그림은 가짜로 드러났다.

영어의 **문장 형식은 동사가 어떤 문장 성분을 필요로 하는지에 따라 분류**합니다. 그리고 크게는 자동사와 타동사로 분류하지요.

1형식 문장	주어 + 동사	I walked.	
2형식 문장	주어 + 동사 + **명사보어(Cn)**	I was / became **her best friend.**	자동사
	주어 + 동사 + **형용사보어(Ca)**	I was / became / remained / felt **happy.**	
3형식 문장	주어 + 동사 + **동사의 목적어(Ov)**	I hate **English.**	타동사

명사는 형용사가 꾸며줍니다. 그리고 명사를 제외한 나머지 품사는 부사(adverb)가 꾸며줍니다.

즉, 부사는 명사를 제외한 **동사**, **형용사**, **부사**를 꾸며주는 품사로 문장성분(주어, 서술어, 목적어, 보어) 역할은 하지 않습니다.

하지만 부사는 '**언제, 어디, 어떻게, 얼마나**' 같은 정보를 표현해 주는 중요한 품사입니다.

- **동사를 수식하는 부사**

여기서 이걸 **발견했지**.	I **found** it here.
밖에서 **이야기 하자**.	Let's **talk** outside.
연기가 안으로 **들어온다**.	Smoke **comes** in.
지금 당장 **떠나라**.	**Leave** right now.
우린 어제˙ 거기서 **만났어**.	We **met** there yesterday.
그 강은 천천히 **흐른다**.	The river **flows** slowly.

동사를 수식하는 부사는 '언제, 어디, 어떻게'의 정보를 표현 합니다.

언제 **when**	난 오늘 자유야.	I am free today.
	난 곧 떠났어.	I left soon.
어디서(로) **where**	난 여기서 살아.	I live here.
	내가 돌아왔다.	I came back.
어떻게 **how**	저는 잘 잡니다.	I sleep well.
	난 밝게 웃었다.	I smiled brightly.

보충 tag

이유(why) 역시 부사의 의미로 전달됩니다. 하지만 why 의 의미는 하나의 단어(부사)로 전달되지 않지요.

흔히 이유나 목적의 의미를 표현하는 전치사 'because of ~, for ~[66 page]' 또는 부사절 'because, as, since, so that[74 page]'를 사용해 표현하거나 목적을 표현하는 부정사 (to ~)[78 page]로 표현하게 됩니다.

I was late because of you.
너 때문에 지각했어.

He sacrificed everything for success.
그는 성공을 위해 모든 것을 희생했다.

I didn't go because/as/since it was late. 난 늦어서 가지 않았어.

I turned back so that she couldn't see my tears. 난 그녀가 눈물을 볼 수 없도록 돌아섰다.

I came here to see you.
널 보러 여기 왔다.

- **형용사를 수식하는 부사 :** 항상 형용사 앞에서

그는 정말 **교활해**.	He is really **sneaky**.
나는 거기에 약간 **늦었다**.	I was a little **late** there.
넌 너무 **무거워보여**.	You look too / so **heavy**.
매우 **허스키한** 목소리였다.	It was a very **husky** voice.
꽤 **좋게** 들리는군.	It sounds pretty **good**.

- **부사를 수식하는 부사 :** 항상 부사 앞에서

개들이 아주 시끄럽게 짖었다.	Dogs barked very loudly.
너는 너무 천천히 말해.	You speak too slowly.
그녀는 정말 빠르게 말해.	She speaks really fast.
나는 그를 꽤 잘 안다.	I know him pretty well.

'very, really, so, pretty, a little, too'같은 부사는 주로 **정도**(얼마나)를 표현하거나 강조하며 형용사와 부사 앞에 써 줍니다.

	이건 꽤 싸다.	It is pretty cheap.
	난 너무 화났다.	I got too angry.
얼마나	약간 배고파요.	I am a little hungry.
how ~	매우 바쁜 날이야.	It is a very busy day.
	엄청 많이 고마워.	Thank you very much.
	그는 아주 빨리 달려.	He runs so fast.

부사(adverb)는 문장성분의 역할은 하지 않습니다. 오직 동사, 형용사, 부사를 수식하는 역할만 하지요.
하지만 '언제, 어디서, 어떻게, 얼마나' 등의 의미를 표현하기 때문에 자주 사용할 수밖에 없는 중요한 품사입니다.

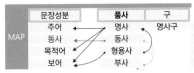

명사와 명사구는 주어, 목적어, 명사보어의 기능을 담당합니다.
동사는 문장의 서술어(동사)의 기능만을 담당합니다.
형용사는 명사수식과 형용사보어의 기능을 담당합니다.
부사는 명사를 제외한 동사, 형용사, 부사를 수식하는 기능을 담당합니다.

6 명령문과 권유문 : ~해라. ~하자.

'~해라, ~하지 마라' 형태의 문장을 명령문, **'~하자, ~하지 말자, ~하는 게 어때?'** 형태의 문장을 권유문이라고 하지요. 명령문의 주어는 항상 그 말을 듣고 있는 상대방(you)이고, 권유문의 주어는 항상 말하는 사람과 듣고 있는 사람(we)입니다.따라서 한국어와 영어 모두 명령문과 권유문은 주어를 따로 써 주지 않습니다. 주어를 밝힐 필요가 없는 것이지요.

• 명령문 : ~해, ~해봐, ~하지마

여기 앉아.	**Sit** down here.
따뜻한 물을 마셔.	**Drink** warm water.
이 종이비행기를 날려 봐.	**Fly** this paper plane.
입 다물어라.	**Shut** up.
날 따라와.	**Follow** me.
천천히 눈을 떠 보세요.	**Open** your eyes slowly.
행복해라.	**Be** happy.
정직해라.	**Be** honest.
거기 앉지 마.	**Don't** sit there.
너무 차가운 물은 마시지 마.	**Don't** drink too cold water.
날 건드리지 마라.	**Don't** touch me.
화내지 마.	**Don't be** angry.
무서워하지 마.	**Don't be** afraid.

• 권유문 : ~하자, ~해 보자, ~하는 게 어때?, ~하지 그래?, ~하지 말자

가자.	**Let's** go.
먼저 뭘 좀 먹자.	**Let's** eat something first.
같이 이걸 읽어보자.	**Let's** read it together.
주의하자.	**Let's be** careful.
시간을 낭비하지 말자.	**Let's not** waste time.
서로 보지 맙시다.	**Let's not** see each other.
다시 생각해 보는 게 어때?	**Why don't you** think again?
포기하지 그러냐?	**Why don't you** give up?
우리 기다려 보지 않을래?	**Why don't we** wait?

영어는 주어 다음에는 반드시 동사가 있기 때문에 주어가 필요 없다면 동사가 가장 먼저 등장하게 됩니다. 그래서 명령문은 반드시 '동사원형(~**해라**) 또는 Don't ~(~**하지 마라**)'로 시작되고, 권유문은 'Let's ~(~**하자**) 또는 Let's not~(~**하지 말자**)'로 시작됩니다.
'Why don't you / we ~?' 형태는 원래 '왜 ~하지 않니?'의 의미겠지요. 하지만 '~하는 게 어때?, ~해 보지 그래?'의 의미로 사용될 수 있습니다.

일찍 와.	Come early.
거기 가지 마.	Don't go there.
다시 이 페이지를 읽어.	Read this page again.
지금은 그거 먹지 마.	Don't eat that now.
저리 가자.	Let's go there.
거기 가지 말자.	Let's not go there.
(너) 거기 가는 게 어때?	Why don't you go there?
(우리) 거기 가는 게 어떨까?	Why don't we go there?

✎ 한 가지 꼭 기억해야 할 것은 2형식 문장을 명령문, 권유문으로 표현할 때 '**be**'를 빠뜨리지 않아야 한다는 점입니다.

조심하세요.	**Be** careful.
용감해져라.	**Be** brave.
쩨쩨하게 굴지 마.	Don't **be** stingy.
늦지 마세요.	Don't **be** late.
친절 합시다.	Let's **be** kind.
너무 서두르지 말자.	Let's not **be** too hasty.

한국어는 종결어미(~다)의 형태를 다양하게 바꿀 수 있기 때문에 쉽게 동사의 다양한 **시제**와 **의미**를 표현할 수 있습니다.
반면 영어의 동사는 형태가 다섯 가지뿐입니다. [영어의 동사 형태 : **동사원형, 현재, 과거, 현재분사, 과거분사**]
따라서 동사만으로는 한국어처럼 다양한 시제와 의미를 표현할 수 없지요.
이런 이유로 영어는 동사의 시제와 의미 표현을 도와주는 조동사(helping verb)가 발달되어 있습니다.

● **조동사가 필요 없는** : 현재(~ㄴ 다) 와 과거 (~ㅆ다)

내가 라면을 **끓인다.**	I **cook** ramen.
내가 라면을 **끓였다.**	I **cooked** ramen.

● 형식조동사 + **동사원형** : 미래, 가능, 의무 등

내가 라면을 **끓이겠다.**	I **will** cook ramen.
내가 라면을 **끓일 수 있다.**	I **can** cook ramen.
내가 라면을 **끓일 수도 있다.**	I **may** cook ramen.
내가 라면을 **끓일 수 있었다.**	I **could** cook ramen.
내가 라면을 **끓이곤 했다.**	I **would** cook ramen.
내가 라면을 **끓여야 한다.**	I **should** cook ramen.
내가 라면을 **끓여야만 한다.**	I **must** cook ramen.

● be + **현재분사** : 진행 (~고 있다)

내가 라면을 **끓이고 있다.**	I am cook**ing** ramen.
내가 라면을 **끓이고 있었다.**	I was cook**ing** ramen.
내가 라면을 **끓이고 있겠다.**	I will be cook**ing** ramen.

● have + **과거분사** : 완료 (~한 적 있다, ~해버렸다, ~했다)

내가 라면을 **끓인 적 있다.**	I have **cooked** ramen.
그가 라면을 **끓였다.**	He has **cooked** ramen.

> 보충 tag
>
> **- might -**
> may 의 과거형은 might 입니다.
> 하지만 might 는 may 처럼 현재
> 의 의미로 많이 사용됩니다.
> 그리고 이때 might 는 may 보다
> 더 낮은 가능성을 뜻하지요.
>
> **It may rain today.**
> **It might rain today.**
>
> 위의 두 문장에서 might 는 아주
> 낮은 가능성을 뜻합니다.
> may 가 50%의 가능성을 염두에
> 둔 것이라면 might 는 20% 정도
> 의 may 보다 훨씬 낮은 가능성을
> 뜻하지요.

◦ 영어의 동사는 다섯 가지 형태뿐입니다.

1. **동사원형**	cook	study	make	cut
2. **현재**	cook(s)	study(ies)	make(s)	cut(s)
3. **과거**	cooked	studied	made	cut
4. **과거분사**	cooked	studied	made	cut
5. **현재분사**	cooking	studying	making	cutting

조동사의 종류

☆ 영어는 단순 현재와 단순 과거를 제외한 모든 시제와 의미 표현에 반드시 하나 이상의 조동사가 필요합니다.
그러니까 조동사를 활용할 수 있는 능력이 너무나 중요하겠지요.
영어의 조동사는 크게 네 가지로 구분하며 종류에 따라 결합하는 동사의 형태가 정해져 있습니다.

1   형식조동사 + 동사원형

will	~할 것이다, ~하겠다, ~하려 한다
can	~할 수 있다, ~해도 좋다
may	~수도 있다, ~해도 좋다, ~지도 모른다
would	~하곤 했다, ~하려고 했다
could	~할 수 있었다
should	~해야 한다
must	~해야만 한다, 분명하다, 틀림없다

2   be 동사 + 현재분사(~ing) : 진행

am, are, is		~하고 있다
was, were	**+ ~ing**	~하고 있었다
will be		~하고 있을 것이다

3   have + 과거분사(pp) : 완료와 경험

have, has	**+ pp**	~한 적 있다, 했다

4   do, does, did + 동사원형

부정문	He does **not** like me.
의문문	Does he like me?
강조	He does like me.

영어는 조동사가 없는 문장(일반동사만 있는 문장)은 부정문과 의문문으로 바꿀 수 없습니다. 그렇다면 일반동사를 대신해 사용할 조동사가 필요하겠지요?
그래서 필요한 조동사가 바로 'do 동사'입니다.

조동사 + 일반동사		
난 이걸 사용한다.	I **use** it.	현재
난 이걸 **사용했다.**	I **used** it.	과거
난 이걸 **사용할 것이다.**	I will **use** it.	미래, 의지
난 이걸 **사용할 수 있다.**	I can **use** it.	가능
난 이걸 **사용할 수 있었다.**	I could **use** it.	과거 가능
난 이걸 **사용할 수도 있다.**	I may **use** it.	추측, 가능
난 이걸 **사용하곤 했다.**	I would **use** it.	습관
난 이걸 **사용해야 한다.**	I should **use** it.	의무
난 이걸 **사용해야만 한다.**	I must **use** it.	강한 의무
난 이걸 **사용하고 있다.**	I am **us**ing it.	현재 진행
난 이걸 **사용하고 있었다.**	I was **us**ing it.	과거 진행
난 이걸 **사용하고 있을 거야.**	I will be **us**ing it.	미래 진행
난 이걸 **사용한 적이 있다.**	I have **used** it.	경험, 완료
난 이걸 **사용해 오고 있어.**	I have **been us**ing it.	완료 진행

조동사 + be 동사	
그 시험은 어렵다.	The exam **is** difficult.
그 시험은 **어려웠다.**	The exam **was** difficult.
그 시험은 **어려울 것이다.**	The exam will **be** difficult.
어려울 수도 있다. ~지도 모른다.	The exam may **be** difficult.
그 시험은 **어려워야 한다.**	The exam should **be** difficult.
그 시험은 **분명(틀림없이) 어렵다.**	The exam must **be** difficult.
그 시험은 **어려웠었다.** (완료)	The exam has **been** difficult.
그들은 **친구다. / 였다.**	They **are / were** friends.
그들은 **친구가 될 거야. 수 있어.**	They will / can **be** friends.
그들은 **친구일지 모른다.**	They may **be** friends.
그들은 **친구가 틀림없다.**	They must **be** friends.
그들은 **친구였다.**	They have **been** friends.

☆ 영어로 문장을 쓰거나 말할 때 한국어 동사의 시제와 의미에 알맞은 조동사의 형태를 사용할 수 없다면 아무리 오래 영어를 공부해도 영어는 늘 멀게만 느껴집니다.

왜 그러냐 하면 영어는 한국어와 다르게 주어를 말하고 나면 바로 동사를 표현해야 하는데, 동사의 의미와 시제 표현에 서툴면 동사 뒤의 다른 부분은 알고도 표현하지 못하게 되기 십상이기 때문이지요. "조동사만 잘 활용할 줄 알면 영어공부의 절반은 끝난다."라는 말을 꼭 기억해 두세요.

단순 현재	조동사 없음	~ㄴ / 는다
단순 과거	조동사 없음	~ㅆ / 었다, 였다
미래	will +**원형**	~ㄹ 것이다
의지	will +**원형**	~하려 한다, ~하겠다
will의 과거	would +**원형**	~하려 했다
가능, 능력	can +**원형**	~수 있다
can의 과거	could +**원형**	~수 있었다
추측, 가능	may +**원형**	~수도 있다, ~지 모른다
허락	may, can +**원형**	~해도 좋다
습관	would +**원형**	~하곤 했다
의무	should, must+**원형**	~해야(만) 한다
확신	must+**원형**	분명 ~다, 틀림 없다
(현재)**진행**	be ~ing	~고 있다
(과거)**진행**	be ~ing	~고 있었다
(미래)**진행**	will be ~ing	~고 있을 것이다
경험	have PP	~한 적 있다
완료	have PP	~해버렸다, ~했다
완료진행	have been ~ing	~해오고 있다

'be'가 동사(~다)인 문장은 진행형이 없습니다. 그리고 2형식 문장 또는 진행형 문장 앞에 형식조동사, 또는 완료 시제의 'have'가 올 경우 '**be, been**'을 빠뜨리지 않는 습관도 중요합니다.

한국어는 동사형어미(다)를 '~**안** 하다, ~**않**다, ~**못**하다, ~**없**다'로 바꾸어 부정문을 만들고, '~**까?**, ~**니?**, ~**어?**'로 바꾸어 의문문을 만들지요.

하지만 영어는 어미가 없습니다. 그래서 조동사를 활용해 부정문과 의문문을 만들게 됩니다.

이때 조동사에 적용되는 두 가지 원칙을 조동사의 법칙이라고 부르도록 하겠습니다.

조동사의 법칙만 잘 이해하고 있으면 쉽게 영어의 부정문과 의문문을 만들 수 있으니까 아주 편리한 법칙입니다.

| **조동사의 법칙 1 : 부정문의 법칙** | '**not**'은 조동사 뒤에만 쓸 수 있다. |

영어의 부정문은 [조동사 + **not**]의 형태입니다.

조동사가 있는 문장	주어 + [조동사 + **not**]
I **will** come back.	I **will not** come back.
I **can** give up now.	I can**not**(can't) give up now.
I **may** go there.	I **may not** go there.
I **could** meet him.	I **could not** meet him.
I **should** do that.	I **should not** do that.
I **am** eating ramen.	I **am not** eating ramen.
I **was** crying.	I **was not** crying.
I **will** be waiting.	I **will not** be waiting.
You **are** my friend.	You **are not** my friend.
It **is** late.	It **is not** late.
You **have** heard it.	You **have not** heard it.
She **has** met him.	She **has not** met him.
일반동사만 있는 문장	do, does, did + **not** + 동사원형
I **hate** you.	I **do not** hate you.
He **hates** me.	He **does not** hate me.
She **hated** him.	She **did not** hate him.
I **did** that.	I **did not** do that.
He **has** the key.	He **does not** have the key.

조동사의 법칙 2 : 의문문의 법칙　　주어 앞에 올 수 있는 동사는 조동사 뿐이다.

영어의 의문문은 [**조동사 + 주어**]의 형태입니다.

조동사가 있는 문장	[**조동사+주어**] ~ ?
He **will** come back.	**Will** he come back?
I **can** give up now.	**Can** I give up now?
I **may** go there.	**May** I go there?
She **could** meet him.	**Could** she meet him?
I **should** do that.	**Should** I do that?
She **is** eating ramen.	**Is** she eating ramen?
She **was** crying.	**Was** she crying?
He **will** be waiting.	**Will** he be waiting?
He **is** your friend.	**Is** he your friend?
He **was** late again.	**Was** he late again?
We **have** met before.	**Have** we met before?
She **has** seen it.	**Has** she seen it?
일반동사만 있는 문장	**Do, Does, Did** + 주어 + 동사원형~?
I **hate** you.	**Do** I hate you?
He **hates** me.	**Does** he hate me?
She **hated** him.	**Did** she hate him?
I **did** that.	**Did** I do that?
He **has** the key.	**Does** he have the key?

조동사의 법칙에 따르면 **일반동사만으로 이루어진 문장**(단순 현재와 단순 과거)은 조동사가 없기 때문에 부정문과 의문문을 만들 수 없겠지요.

이 문제를 해결하기 위해 만들어진 조동사가 바로 'do, does, did'입니다.

즉, 'do, does, did'라는 모든 일반동사를 대표하는 조동사를 만들어 일반동사만으로 이루어진 문장에도 조동사의 법칙을 적용하는 것이지요.

물론 'do, does, did'가 조동사로 사용되면 일반동사는 반드시 동사원형을 사용해야 하겠지요. 습관이 되기 전까지는 매우 까다로운 부분입니다.

'누구, 무엇, 언제, 어디, 왜, 어떻게, 얼마나, 누구의~, 어떤~'등을 묻는 단어를 의문사라고 하지요.
의문사 의문문은 묻고자 하는 부분을 의문사로 바꾸어 yes/no 의문문 앞에 써주기만 하면 쉽게 만들 수 있습니다.
그리고 의문사는 명사, 부사, 한정사에 해당하는 것을 묻기 때문에 '의문대명사, 의문부사, 의문한정사'로 나눌 수 있습니다.

yes/no 의문문	의문사변환	의문사의문문 : 의문대명사	
Will she marry him?	(she ➧ who)	**Who will** marry him?	누가 그와 결혼할까?
Did he meet her?	(Chulsu ➧ who)	**Who/Whom did** he meet?	그가 누굴 만났지?
Are you drawing a cat?	(tiger ➧ what)	**What are** you drawing?	너 뭘 그리고 있어?
Do you want this?	(this ➧ which)	**Which do** you want?	어떤 걸 원하세요?
yes/no 의문문	의문사변환	의문사의문문 : 의문부사	
Can I use it now?	(now ➧ when)	**When can** I use it?	언제 그걸 쓸 수 있어?
Have we met there?	(there ➧ where)	**Where have** we met?	우리가 어디서 만났었지?
Did he lie for you?	(for you ➧ why)	**Why did** he lie?	그는 왜 거짓말을 했을까?
Do you come by bike?	(by bike ➧ how)	**How do** you come?	너 어떻게 오니?
Was that so difficult?	(so ➧ how)	**How** difficult **was** that?	그건 얼마나 어려웠니?
Do you run very fast?	(very ➧ how)	**How** fast **do** you run?	넌 얼마나 빨리 달리지?
yes/no 의문문	의문사변환	의문사의문문 : 의문한정사	
Did he call my name?	(my ➧ whose)	**Whose** name **did** he call?	그가 누구 이름을 불렀어?
Am I this kind of person?	(this ➧ what)	**What** kind of person **am** I?	난 어떤 종류의 인간일까?
Should I go this way?	(this ➧ which)	**Which** way **should** I go?	어떤 길로 가야 하나요?

의문사					
의문대명사		**의문부사**		**의문한정사**	
누가	who	언제	when	누구의	whose + 명사
누구를	who, whom	어디	where	어떤,무슨	what + 명사
무엇	what	왜	why	어떤	which + 명사
어떤 것	which	어떻게	how		
		얼마나	how + 형용사/부사		

☆ 문장의 모든 정보는 의문사로 물을 수 있지요. 즉, 우리는 의문사에 해당하는 정보를 전달하기 위해 문장을 만드는 것입니다.

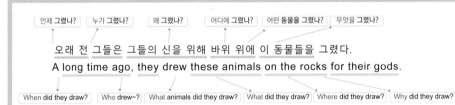

| 언제 그랬나? | 누가 그랬나? | 왜 그랬나? | 어디에 그랬나? | 어떤 동물을 그렸나? | 무엇을 그렸나? |

<u>오래 전 그들은 그들의 신을 위해 바위 위에 이 동물들을 그렸다.</u>
<u>A long time ago, they drew these animals on the rocks for their gods.</u>

| When did they draw? | Who drew~? | What animals did they draw? | What did they draw? | Where did they draw? | Why did they draw? |

보충 tag

의문사(의문대명사, 의무부사, 의문한정사) 의문문을 자연스럽게 활용할 수 있다는 것은 문장 속의 문장성분과 품사를 잘 이해하고 있다는 뜻이기도 합니다. 생각보다 많은 연습이 필요한 부분이지요.

그리고 의문사는 44 page에서 공부하는 명사절과 114 page에서 공부하는 형용사절에서도 활용해야 하니까 잘 이해해 두는 것이 좋습니다. 다음의 [문장 – 의문문 – 명사절 – 형용사절]의 관계를 눈여겨 봐 두세요.

A man sent flowers.	어떤 남자가 꽃을 보내왔어.	**문장**
Who sent flowers?	누가 꽃을 보냈지?	**의문사 의문문**
I know <u>who sent flowers</u>.	난 누가 꽃을 보냈는지 알아.	**의문사 명사절**
I know <u>the man who sent flowers</u>.	난 꽃을 보낸 그 남자를 알아.	**형용사절(관계대명사)**
She put the flowers in a vase.	그녀는 꽃을 꽃병에 꽂았다.	**문장**
Where did she put the flowers?	그녀가 꽃을 어디에 두었지?	**의문사 의문문**
I don't know <u>where she put the flowers</u>.	난 그녀가 꽃을 어디 두었는지 몰라.	**의문사 명사절**
I bought <u>the vase where she put the flowers</u>.	그녀가 꽃을 꽂은 꽃병을 내가 샀다.	**형용사절(관계부사)**

영어의 형식조동사는 그 수가 그리 많지 않지요. 또 형식조동사를 사용할 수 없는 경우가 생기기도 합니다.
그래서 형식조동사와 비슷한 의미를 표현할 수 있는 대체표현들이 필요합니다.
대체표현들은 주로 부정사(to+동사원형)를 사용합니다. 아래 표현들은 매우 자주 사용되니까 꼭 익혀두세요.

형식조동사		대체표현	
will, would	=	be going to ~	~할 것(예정, 생각)이다, ~하려고 하다
can, could	=	be able to ~	~할 수 있다
should, must	=	be supposed to ~	~해야 한다, ~하기로 되어 있다
		have to ~, has to ~	~해야 한다, ~이 분명하다
		had to ~	~해야 했다, ~이 분명했다
would	=	used to ~	~하곤 했다 (과거의 습관 : **지금은 아니다**)
		used to ~	~였(었)다 (과거의 습관, 상태 : **지금은 아니다**)
기타 의미표현		be willing to ~	기꺼이 ~하다, ~하려고 하다
		be about to ~	막 ~하려 하다, ~하려던 참이다
		be likely to ~	~할 것 같다, ~하기 쉽다
		had better ~	~하는 편이 좋다, ~하는 게 낫다
		would rather ~	차라리 ~하겠다, 차라리 ~하는 게 낫다
☆ 2형식 동사 + to ~			
		seem to ~	~하는 것 같다, ~하는 것처럼 보이다

I **am going to** help them.	He **is willing to** help them.
I **was able to** help them.	I **was about to** leave.
We **are supposed to** help ~.	She **is likely to** win you.
We **have to** help them.	You **had better** leave now.
We **had to** help them.	I **would rather** leave now.
We **used to** help them.	She **seems to** like me.
We **used to** be good friends.	She **seemed to** like me.

✎ 영어의 형식조동사는 두 개 이상을 동시에 사용할 수 없습니다. 그래서 위의 표현들이 필요한 것이지요.

넌 거기 갈 수(도) 있을 거야.	You **will** / **may** can go there.	**(X)** ➡	You **will** / **may** be able to go there. **(O)**
넌 이걸 할 수 있어야(만) 해.	You **should** / **must** can do it.	**(X)** ➡	You **should** / **must** be able to do it. **(O)**
우린 서로 도와야 할 거야.	We **will** should help each other. **(X)** ➡		We **will** have to help each other. **(O)**

✎ 'should, must'는 과거형태가 없습니다. 그래서 '~해야(만) 했다'의 의미는 반드시 'had to~'를 사용합니다.

난 거기에 가야(만) 했다.	I **should** / **must** go there.	**(X)** ➡	I had to go there. **(O)**
우린 포기해야(만) 했다.	We **should** / **must** give up.	**(X)** ➡	We had to give up. **(O)**
그는 기다려야(만) 했지.	He **should** / **must** wait.	**(X)** ➡	He had to wait. **(O)**

보충 tag

'seem to ~'처럼 부정사와 함께 사용되는 2형식 동사는 활용빈도가 높습니다. 정리해 보면 다음과 같습니다.

✎ seem to ~, appear to ~ [~하는 것 같다, ~하는 것처럼 보인다]

They seem to need more time.
그들은 시간이 좀 더 필요한 것 같아.

She appeared to have lost weight.
그녀는 살이 빠진 것 같았다.

✎ get to ~, grow to ~, come to ~ [~하게 되다]

You will get to like this job soon.
곧 이 일을 좋아하게 될 거야.

They grew to love each other.
그들은 서로를 사랑하게 되었지.

Finally, I came to regret my decision.
결국 내 결정을 후회하게 되었다.

형식조동사 대체표현들은 **부정문**과 **의문문**의 형태도 함께 익혀두면 좋겠지요.
당연히 조동사의 법칙을 적용시켜 부정문과 의문문을 만들지만 그렇지 않은 표현도 있습니다.

be not ~	
be not going to ~	~하지 않을 것(예정, 생각)이다, ~안 겠다
be not able to ~	~할 수 없다 = **be unable to ~**
be not supposed to ~	~해서는 안 된다, ~하지 않기로 되어있다
be not willing to ~	~하려 하지 않다, 꺼리다, 하기 싫어하다
be not likely to ~	~할 것 같지 않다, ~할 가능성이 낮다

do not ~	
do not have to ~ *	**~할 필요 없다**, ~하지 않아도 된다
did not have to ~ *	**~할 필요 없었다**, ~하지 않아도 됐다
do not seem to ~	~하는 것 같지 않다
did not seem to ~	~하는 것 같지 않았다

~ not to ~	
seem not to ~ *	~하지 않는 것 같다
seemed not to ~ *	~하지 않는 것 같았다

~ not	
had better not ~	~하지 않는 편이 좋다
would rather not ~	차라리 ~하지 않겠다

Be + 주어 ~?
Are you **going / able / supposed / willing / likely to** come?
Waht is he **going / able / supposed / willing / likely to** make?

Do + 주어 ~? *
Does he **seem / have to** do that?
Why do I **have to** * learn English?

Would you rather ~? (차라리 ~할래?) *
Would you **rather** go there **or** stay here?

I **am** not **going to** meet him.

I **was** not **able to** meet him.

He **is** not **supposed to** come here.

She **was** not **willing to** help us.

Kids **are** not **likely to** eat it.

I **don't** **have to** go there. * (안 가도 된다)

I **didn't** **have to** do that. * (안 해도 됐다)

You **don't** **seem to** like it.

She **didn't** **seem to** hear me.

* 'do not have to ~'는 '~하면 안 된다'가 아니라 '~할 필요 없다, 하지 않아도 된다' 입니다.

'~하면 안 된다'는 'should not ~, must not ~, be not supposed to~'로 표현해야 합니다.

She **seems** not to like it . * (좋아하지 않는 것 ~)

She **seemed** not to hear me. * (듣지 않는 것 ~)

I'd better / rather not stay here. *

* 'seem not to~'는 '~하지 않는 것 같다'라는 뜻입니다. * had better, would rather 는 'd better, 'd rather 로 간단히 표현할 수 있습니다.

* 'Do 주어 have to ~?'는 '~해야 하나?, ~할 필요가 있니?'의 뜻입니다.

* 'Woud you rather~?' 은 두 가지 중 선택을 물을 때 또는 '차라리 ~할래?'의 의미로 사용합니다.

– must/should/could/would/might have pp –

형식조동사의 과거형과 완료시제(have pp)가 합쳐지면 과거를 표현하는 색다른 의미를 만들어 내게 됩니다.
여기서 가볍게 다루어볼까 합니다.

must have pp	(과거에) ~했음이/였음이 분명하다	과거에 대한 확신

should have pp	(과거에) ~해야/여야 했다 (하지만 하지 않았다)	
could have pp	(과거에) ~을 수도/였을 수도 있었다 (하지만 하지 않았다)	과거의 사실과 반대
would have pp	(과거에) ~하려 했었다, ~했을 것이다 (하지만 하지 않았다)	

could/might have pp	(과거에) ~했을 수도/였을 수도 있다 (확실하지 않은 추측)	과거에 대한 추측

조금 아리송하지요? 예문으로 한 번 보겠습니다.

They must have found the answer.	그들은 답을 찾았음이 분명하다.
They must not have found the answer.	그들은 답을 찾았을 리가 없다.
The question must have been so easy.	문제가 너무 쉬웠던 게 틀림없어.
The question must not have been so easy.	문제가 쉬웠을 리가 없어.

You should have accepted his offer.	그의 제안을 받아들였어야 했어. (받아들이지 않았다.)
You should not have accepted his offer.	그 제안을 받아들이지 말았어야 했어. (받아들였다.)
I could have stayed there, but I left.	거기 머물 수도 있었지만, 떠났다.
I would have helped you, but I was too busy.	널 도우려 했지만, 너무 바빴어.

She could/might have forgotten our promise.	그녀는 우리의 약속을 잊어버렸을 수도 있다. (추측)
They could/might not have arrived there.	거기 도착하지 않았을지도 몰라. (추측)

11 등위 접속사

등위 접속사는 단어와 단어, 구와 구, 문장과 문장을 연결해 주는 품사입니다.
등위 접속사를 사용하면 문장을 '~다'로 끝맺지 않고 계속 이어나갈 수 있어서 긴 문장을 써 내는 데에 아주 유용합니다. 잘 익혀 두세요.

and	연속동작 : ~하고(는), ~하더니	난 돌을 집어(집어서) 그걸 던졌지.	I picked up a stone **and** threw it.
		그가 일어서더니 소리쳤다. "조용히 해!"	He got up **and** shouted "Be quiet!"
	명령문 : ~해라. 그러면	샤워해. 그러면 기분이 좋아질 거야.	Take a shower **and** you will feel better.
but	반대 : 그러나, 하지만	우린 피곤했지만 행복했어요.	We were tired **but** happy.
		넌 할 수 있지만, 그녀는 못 하잖아.	You can do that, **but** she can't.
		난 시간이 충분하나, 그는 아니다.	I have enough time, **but** he doesn't.
		난 지쳤지만, 다시 일어섰다.	I was tired, **but** (I) stood up again.
or	선택 : 또는, 아니면, ~나	철수가 두세 명 데려올걸.	Chulsu may bring two **or** three guys.
		그는 천재 아니면 바보가 틀림없어.	He must be a genius **or** an idiot.
		너 올 거야 말 거야? (안 올 거야?)	Will you come or not?
		넌 천재냐 (아니면) 바보냐?	Are you a genius or a fool?
	~해라. 안 그러면(아니면)	지금 나가. 안 그러면 버스 놓칠 거야.	Go out now **or** you will miss the bus.
		이걸 해야 해. 아니면 그가 화낼 거야.	We should do this **or** he will be angry.
so	원인과 결과 : 그래서	너무 늦어서, 난 전화 안 했어.	It was too late, **so** I did not call you.
		그는 오지 않았고, 그래서 난 슬펐다.	He did not come, **so** I was sad.
		그는 돈이 없었다. 그래서 내가 샀다.	He had no money. **So** I bought that.

보충 tag

이유를 말해주는 'for'

접속사 'for' 는 앞의 말에 대한 이유를 덧붙이는 데 사용됩니다.

I couldn't tell anything, for she was watching me there.
나는 아무 말도 못 했다. 왜냐하면, 그녀가 거기서 날 지켜보고 있었으니까.

		그것은 내가 아니라 순이였다.	That was **not** me, **but** Sooni.
not A but B	A가 아니라, B다	그는 멍청한 게 아니라, 현명한 거야.	He is **not** foolish, **but** wise.
		부탁하는 게 아니라, 명령하고 있어.	I am **not** asking, **but** ordering.

두 개의 접속사가 함께 사용되어서 특정한 의미를 전달하는 경우 이 접속사들을 상관접속사라고 부릅니다.

not only A, but also B 외에 몇 가지를 추가합니다.

either A or B [A 또는 B]

You must be either crazy or lying.

넌 미쳤거나 거짓말하고 있는 게 분명해.

I lost either one or two questions.

한두 문제 틀렸어.

neither A nor B [A B 모두 아니다 – 부정문을 만듭니다]

Neither my mom nor I like this kind of food.

엄마나 나나 이런 음식은 좋아하지 않아요.

His words were neither interesting nor helpful.

그의 말은 재미있지도 유익하지도 않았다.

		넌 똑똑할뿐 아니라 친절해.	You are **not only** smart **but** (**also**) kind.
not only A but (also) B	A뿐 아니라 B도	난 너뿐만 아니라 그도 싫어.	I hate **not only** you **but** (**also**) him.
		그는 노래도 하고 춤도 췄어.	He **not only** sang **but** (**also**) danced.

한국어는 '**시간, 날씨, 온도, 거리, 상황**'등을 표현할 때 종종 주어가 필요 없지요.

하지만 영어는 주어를 생략할 경우 동사가 문장 앞에 등장해서 명령문처럼 보이기도 해서 어색합니다.

그래서 주어가 필요 없는 경우에도 주어를 반드시 써 주어야 하며 이때 사용하는 주어를 비인칭 주어(It)라고 부릅니다.

5시다.	It is five o'clock.
7시 40분이었다.	It was seven forty.
월요일이다.	It is Monday.
12월이었다.	It was December.
(어제는) 비가 왔다.	It rained yesterday.
(오늘은) 맑다.	It is sunny today.
멀다. / 가깝다.	It is far. / It is close.
어둡다. / 환하다.	It is dark. / It is bright.
늦었다. / 너무 이르다.	It's late. / It is too early.
(상황이) 쉽지 않군. / 끔찍하군.	It is not easy. / It is terrible.

【 비인칭 주어, 왜 필요할까? 】

한국어는 '날씨, 시간'등을 표현할 때 주어가 따로 필요 없습니다. **형용사**(맑은, 흐린)나 **명사**(일요일, 3시, 봄)에 동사 형접미어(~다)를 붙여 동사처럼 사용하기 때문이지요.

영어는 '**be동사**' 없이 형용사나 명사를 동사처럼 (~다) 사용할 수 없지요. 그래서 '날씨, 시간'등을 표현할 때 'be동사' 를 사용해야 하는데, **주어 없이 'be동사'만 사용할 수도 없습니다.** (명령문이 되어버리니까.) 그래서 어쩔 수 없이 **특 별한 의미가 없는 주어(비인칭 주어)를** 사용하게 됩니다.

하지만 대화를 할 때는 가끔 'It is'를 생략하고 형용사나 명사만 말 할 수도 있습니다.

비인칭 주어를 사용한 표현들

10시다.	It is ten o'clock.	밖은 너무 어두웠다.	It was too dark outside.
오늘은 월요일이다.	It is Monday today.	지금은 환하다.	It is bright now.
이른(초) / 늦은 여름이다.	It is early / late summer.	10도다.	It is ten degrees.
오늘은 내 생일이야.	It is my birthday today.	영하 10도다.	It is minus ten degrees .
어제는 내 생일이었다.	It was my birthday yesterday.	너무 멀어.	It is too far.
비가 온다.	It rains. / It's rainy.	아주 가까웠다.	It was very close.
비가 왔다.	It rained. / It was rainy.	5km다.	It is 5 kilometers.
지금 비가 오고 있다.	It is raining now.	아름답군.	It is beautiful.
거기는 비가 오고 있었다.	It was raining there.	너무 늦었다.	It is too late.
곧 비가 올 거야.	It is going to rain soon.	좋군요.	It is great.
눈이 온다.	It snows. / It's snowy.	괜찮아.	It is OK.

물론 비인칭 주어 없이도 시간, 날씨, 온도, 거리, 상황을 표현할 수 있습니다. 하지만 영어는 비인칭 주어로 표현하는 것을 더 좋아합니다.

오늘은 춥다.	**Today** is cold.	온도가 20도다.	**The temperature** is 20°C.
어제는 더웠다.	**Yesterday** was hot.	오늘은 일요일이다.	**Today** is Sunday.
내일은 흐릴 거야.	**Tomorrow** will be cloudy.	어제는 토요일이었다.	**Yesterday** was Saturday.
날씨가 좋다.	**The weather** is great.	상황이 끔찍하다.	**The situation** is terrible.
날씨가 나쁘다.	**The weather** is bad.	거리는 3km다.	**The distance** is 3 kilometers.

동사(~다)는 목적어(~을, ~를)가 될 수 없습니다. 목적어가 될 수 있는 품사는 명사뿐이지요.

하지만 우리는 동사를 목적어로 사용하는데 매우 익숙합니다. 즉, 동사를 명사로 사용하고 있다는 말이지요.

동사를 명사로 바꾸기 위해서는 동사의 형태를 약속된 명사의 형태로 바꾸어 주어야 합니다.

어미가 발달된 한국어는 동사형어미(~다)를 명사형어미(**~것, ~기, ~ㅁ**)로 바꾸어 쉽게 명사로 사용할 수 있지요.

영어는 동사를 부정사(**to+동사원형**) 또는 동명사(**동사~ing**)의 형태로 바꾸어 명사로 사용합니다.

찬 물을 마시**다** drink cold water		동사
찬 물을 마시는 것/기	**to drink** cold water	부정사
	drinking cold water	동명사
행복하**다** am(are, is) happy		동사
행복하다는 것, 행복하기	**to be** happy	부정사
	being happy	동명사
한국인이**다** am(are, is) a Korean		동사
한국인이라는 것	**to be** a Korean	부정사
	being a Korean	동명사

동사를 다른 품사로 사용하기 위해 형태를 바꾸어 놓은 것을 준동사(verbal)라고 부릅니다. 명사로 사용할 수 있는 준동사가 한 가지뿐이라면 좋겠지만 영어는 두 가지(동명사, 부정사)를 사용합니다. ✧ 문제는 준동사를 동사의 목적어로 사용할 때

[1] 부정사와만 결합하는 동사 (동사 + to ~)

[2] 동명사와만 결합하는 동사 (동사 + ~ing)

[3] 둘 다 결합하는 동사 (동사 + to ~/~ing)로

나누어진다는 것입니다.

하는 수 없이 구분해서 익혀두어야겠지요.

MAP	문장성분	품사	구	준동사	
	주어	명사	명사구	동명사	부정사
	동사	동사			
	목적어	형용사			
	보어	부사			

보충 tag

앞에서 말했듯이 준동사를 목적어로 사용하는 동사들은 당연히 3형식 동사들입니다.

부정사 또는 동명사를 목적어로 사용하기 좋아하는 동사들은 자주 익혀서 사용해야 하겠지요.

영어 작문 프로젝트에서 적어둔 표현에 더해서 동사 몇 개를 추가하려고 합니다. 함께 익혀두면 좋겠습니다.

그리고 영어 작문 프로젝트 2권까지 공부를 했다면 4형식 동사[90 page]와 5형식 동사[94 page]도 함께 정리해 두면 더욱 좋겠습니다.

[1] 동사 + 부정사(~할, ~하기로, ~하는 것을)	
need to ~	~할 필요가 있다
'd like to ~	~하고 싶다
want to ~	~하고 싶다 (원하다)
wish to ~	~하고 싶다. (바라다)
hope to ~	~하고 싶다 (희망하다)
plan to ~	~할 계획(**생각**)이다
intend to ~	~할 작정(**생각**)이다
mean to ~	~할 작정(**생각**)이다
prepare to ~	~할 준비를 하다
attempt to ~	~하려고 시도하다
hesitate to ~	~하길 망설이다, 주저하다
decide to ~	~하기로 (결정)하다
choose to ~	~하기로 선택(결정)하다
learn to ~	~하는 것을, 법을 배우다
promise to ~	~하기로 약속하다
expect to ~	~할 것을 예상, 기대하다
beg to ~	~할 것을 간청, 애원하다
swear to ~	~하기로 맹세하다
agree to ~	~하는 데 동의, 찬성하다
refuse to ~	~하기를 거부, 거절하다
pretend to ~	~하는 척하다
fail to ~	~하는 데 실패하다 (못하다)
happen to ~	우연히, 어쩌다 ~하다
manage to ~	간신히, 그럭저럭 ~하다

[2] 동사 + 동명사(~하기, ~하는 것을)	
enjoy ~ing	~을 즐기다, 좋아하다
keep ~ing	~계속 ~하다
finish ~ing	~하는 것을 끝내다
give up ~ing	~ 포기, 단념하다
stop/quit ~ing	~ 멈추다. 그만두다
avoid ~ing	~ 피하다. 회피하다
mind ~ing	~하기 싫다, 꺼리다, 신경 쓰다
endure ~ing	~하는 것을 참다, 견디다
imagine ~ing	~ 상상하다
consider ~ing	~ 고려, 생각하다
suggest ~ing	~하는 것을 제안하다
try ~ing	(시도) 한 번 해보다
can't help ~ing	~하지 않을 수 없다

[3] 동사 + 부정사 or 동명사	
like, **love** to /~ing	~하고 싶다, 좋아하다
hate to /~ing	~하기 싫다, 싫어하다
begin, **start** to /~ing	~하기 시작하다
continue to /~ing	~계속(해서) ~하다

부정사(미래의 일)	동명사(과거의 일)
forget to ~	~할 것을 잊다
forget ~ing	~한 것을 잊다
remember to ~	~할 것을 기억하다
remember ~ing	~한 것을 기억하다

우리는 지금까지 문장(sentence)을 써 왔습니다. 이제부터는 문장을 명사절(noun-clause)로 바꾸어 명사(품사)처럼 사용해 보도록 하겠습니다.

절(clause)이란 주어와 동사를 가지고 있다는 점에서 문장과 같습니다. 하지만 혼자서는 아무것도 할 수 없고 문장 속에서 하나의 품사로 사용되는 형태를 뜻합니다. 즉, 혼자 독립해서 쓰일 수 없는 것이지요. 그래서 흔히 절을 종속 절(independent clause)이라고 부르기도 합니다.

그러니까 명사절이란 명사의 기능을 가진 절(**기능=명사, 형태**=절)인 것이지요

명사절 접속사 1	**that** (~가 ~한다는 것, 고, 기) **if / whether** (~하는지)

문장 : ~다. ➡	명사절 : ~것, 고, 기, 지
인생은 아름답다.	인생이 아름답다는 것(고)
	인생이 아름다운지 (아닌지)
Life is beautiful.	**that** life is beautiful
	if/whether life is beautiful

난 **인생이 아름답**다고 생각해.	I think (**that**) life is beautiful.
인생이 아름다운지 모르겠어.	I don't know **if/whether** life is beautiful.

명사절 접속사 2	의문사 (누구, 무엇, 언제, 어디, 왜, 어떻게, 얼마나 ~지)

~지	의문사 명사절
난 그가 **누구**인지 안다.	I know **who** he is.
난 **누가** 이것을 썼는지 모른다.	I don't know **who** wrote it.
난 그가 **누굴** 좋아하는지 안다	I know **who / whom** he likes.
난 네가 **무엇**을 원하는지 안다.	I know **what** you want.
네가 거기서 본 것을 그려라. *	Draw **what** you saw there.
난 **어떤 것**이 더 좋은지 모르겠다.	I don't know **which** is better.
난 그가 **언제** 왔는지 몰라.	I don't know **when** he came.
난 그가 **어디** 사는지 안다.	I know **where** he lives.
난 **왜** 그녀가 날 미워하는지 안다.	I know **why** she hates me.

난 **그가 어떻게 그걸** 했는지 안다.	I know **how** he did that.
난 **그것이 얼마나 어려운지** 안다.	I know **how** difficult it is.
난 **네가 무슨 영화를** 봤는지 안다.	I know **what** movie you saw.
난 **네가 누구의 사탕을** 먹었는지	I know **whose** candy you ate.

✍ 한국어 문장은 동사로 끝나지요. 그래서 종결어미(~다)를 명사형어미(~것, ~고, ~기, ~지)로 바꾸면 문장이 **명사절**로 바뀝니다. 즉, 어미를 바꾸어 문장을 절로 만드는 것이 편리하지요.
하지만 영어 문장은 동사로 끝나지 않고, 또 한국어와 같은 어미도 없습니다. 그래서 명사절을 표시해 주는 명사절 접속사를 문장 앞에 붙여 명사절을 만드는 것이 더 편리합니다.

명사절 접속사와 명사형 어미	
that ~	~가 ~한다는 것(고)
if / whether ~	~가 ~하는지 (아닌지)
who ~	누가 ~하는지
who / whom ~	누구를 ~하는지
what ~	무엇이/을 ~하는지
what ~	*~가 ~한 것 (**무엇**)
whatever ~	*~가 ~한 것은 무엇이든
which ~	어떤 것이/을 ~지
when, where ~	언제, 어디서 ~하는지
why, how ~	왜, 어떻게 ~하는지
how + 형용사, 부사	얼마나 ~하는지
what, which, whose + 명사	무슨, 어떤, 누구의 ~지

명사절 접속사는 크게 'that, if/whether'과 '의문사'로 나누어 볼 수 있습니다.
'that'절은 명사형어미 '~한다는 것, 고, 기'에 해당합니다.
'if / whether'절은 ' ~인지 (아닌지), 하는지 (안 하는지)'
그리고 의문사 명사절은 명사형 어미인 '~지'에 해당합니다.
* 하지만 의문사 'what, whatever'은 '**~가 ~한** 것(무엇), 무엇이든'의 의미도 표현할 수 있기 때문에 자주 사용됩니다.

그러면 명사절은 어떻게 사용할까요? 명사절은 명사와 기능이 같으니까 당연히 **주어, 목적어, 명사보어**의 역할을 할 수 있겠지요.

주어, 명사보어로 명사절 사용하기

지구가 둥글다는 것은 사실이야.	**It** is a truth (that) the earth is round.
그가 화가 났는지는 중요하지 않아.	**It** is not important whether he is angry.

문제는 그가 화가 났다는 거야.	The problem is (that) he is angry.
질문은 그가 화가 났는지 아닌지 이다.	My question is whether he is angry.
질문은 **왜** 그가 화가 났는지 이다.	My question is why he is angry.

영어는 명사절이 주어인 경우 대부분 명사절을 나중에 말하기 위해서 가주어(**It**)라는 것을 사용합니다. 즉, 영어는 명사절이 직접 주어 자리에 오는 것을 꺼려합니다.

동사의 목적어로 명사절 사용하기

난 그가 거짓말쟁이라는 것을 안다.	I **know** (that) he is a liar.
사람들은 돈이 중요하다고 말하지.	People **say** (that) money is important.
네가 중국어를 할 수 있다고 들었어.	I **heard** (that) you can speak Chinese.
난 네가 날 좋아하는지 궁금했어.	I **wondered** if/whether you liked me.
왜 이게 틀렸는지 이해가 안 돼.	I don't **understand** why it is wrong.
무엇이 잘못되었는지 알아냈다.	I **found** what was wrong.
나는 그가 **누구**인지 기억났다.	I **remembered** who he was.
네가 열쇠를 **어디** 뒀는지 잊지 마.	Don't **forget** where you put the key.
그것이 **얼마나 중요한지** 깨달았지.	I **realized** how important it was.
어떤 영화를 볼지 결정하자.	Let's **decide** what movie we will see.

가주어 표현은 매우 다양하지만 자주 사용되는 몇 가지를 익혀두도록 하겠습니다.

명사절의 가주어 표현

It's +형용사보어+ 명사절

중요하다	It is important
필수(적)이다	It is essential
당연하다	It is natural
가능하다	It is possible
불가능하다	It is impossible
분명하다	It is clear
확실하다	It is certain
놀랍다	It is amazing
놀랍다	It is surprising
흥미, 재미있다	It is interesting
이상하다	It is strange
행운, 다행이다	It is lucky
사실이다	It is true

It is +명사보어+ 명사절

좋은 생각이다	It is a good idea
사실이다	It is a fact
내 꿈이다	It is my dream

It doesn't matter+ 명사절

문제가 되지 않는다	

동명사와 부정사를 목적어로 사용하기 좋아하는 동사들이 있듯이 명사절을 목적어로 사용하기 좋아하는 동사들이 있습니다. 자주 사용해야 하니까 꼭 익혀두세요.

명사절을 목적어로 즐겨 쓰는 동사

say, **hear**	~라고 말하다, 듣다	**know**	알다
mean	~라는 뜻, 의미, 말이다	**understand**	이해하다
answer	대답하다	**see**	알다, 이해하다, 보다
explain	설명하다	**think**	생각하다 (~같다)
show	보여주다	**believe**	믿다, 생각하다
promise	약속하다	**feel**	느끼다 (~같다)
admit	인정, 시인하다	**expect**	기대, 예상하다
deny	부인하다	**learn**	배우다, 알게 되다
decide	결정하다	**realize**	깨닫다
		find	알아내다, 발견하다
		imagine	상상하다
		wonder	궁금(해) 하다, 모르겠다
		remember	기억하다, 기억나다
		forget	잊다

이제 우리는 명사의 기능을 가진 다섯 가지 형태들을 모두 살펴보았습니다.
명사, 명사구, 명사절, 동명사, 부정사는 서로 형태는 다르지만 명사의 기능을 담당합니다.
그래서 이 다섯 형태를 명사 시리즈라고 부르도록 하겠습니다.

문장성분	품사	구	절	준동사	
MAP 주어 ◀	명사	명사구	명사절	동명사	부정사
동사	동사		접속사+문장	동사+~ing	to+동사
목적어 ◀	형용사				
보어 ◀	부사				

한국어와 영어 모두 명사절의 주어를 말해줄 필요가 없는 경우 주어를 생략할 수 있습니다. 하지만 생략하는 방식이 조금 다르지요. 한국어는 절의 주어가 필요 없는 경우 절의 주어를 생략해도 아무런 문제가 없습니다.
하지만 영어는 절의 주어를 생략할 경우 **절의 동사를** 반드시 준동사(**verbal**)의 형태로 바꾸어 주어야 합니다.

'that'절을 간단하게	that 절이 문장의 **주어** 또는 **보어**인 때　➡ 부정사(to ~) 또는 동명사(~ing)

'that' 절의 주어가 필요 없어 생략할 경우(주어를 언급할 필요가 없는 경우) 절의 동사는 반드시 동명사 또는 부정사 형태로 바꾸어 주어야 합니다. 물론 이때 **동명사**와 **부정사**의 의미는 '~하는 것, ~하기'로 **'that'** 절의 의미와 같습니다. **즉, 의미는 변하지 않는 것이지요.**

내가 말 타는 **것**은 정말로 신난다.	It is really exciting ~~that I~~ ride a horse.	명사절 주어
말 타는 것은 정말로 신난다.	➡ It is really exciting to ride a horse.	부정사 주어
말 타는 것은 정말로 신난다.	➡ Riding a horse is really exciting.	동명사 주어
우리가 영원히 사는 **것**은 불가능하지.	It is impossible ~~that we~~ live forever.	명사절 주어
영원히 사는 것은 불가능하지.	➡ It is impossible to live forever.	부정사 주어
영원히 사는 것은 불가능하지.	➡ Living forever is impossible.	동명사 주어

내 취미는 **내가** 별을 관찰하는 거야.	My hobby is ~~that I~~ watch the stars.	명사절 보어
내 취미는　별을 관찰하는 거야.	➡ My hobby is to watch the stars.	부정사 보어
내 취미는　별을 관찰하는 거야.	➡ My hobby is watching the stars.	동명사 보어
그의 일은 ~~그가~~ 개를 훈련시키는 거다.	His job is ~~that he~~ trains dogs.	명사절 보어
그의 일은　개를 훈련시키는 거다.	➡ His job is to train dogs.	부정사 보어
그의 일은　개를 훈련시키는 거다.	➡ His job is training dogs.	동명사 보어

✎ 부정사는 명사절처럼 가주어 표현을 좋아하는 반면 동명사는 가주어 표현을 좋아하지 않습니다. 그래서 부정사가 주어인 경우 명사절의 경우와 마찬가지로 대부분 가주어로 표현하지만, 동명사가 주어인 경우 그대로 주어 자리에 남겨 둡니다.

보충 tag

'that 절'을 부정사로 바꿀 때 that 절의 주어를 남겨두는 방법도 있습니다. 즉, 주어를 생략할 수 없는 경우에도 'that 절'을 부정사로 바꿀 수 있다는 뜻이지요. 이때 부정사의 주어를 '의미상 주어'라고 부르고 [for + 목적격]을 사용합니다.

It is possible <u>that she finds the answer.</u>　= It is possible <u>for her to find the answer.</u>　[she ➡ for her]
<u>That our boss didn't see it</u> was a mistake. = <u>For our boss not to see it</u> was a mistake. [our boss ➡ for our boss]
My idea is <u>that we share the room.</u>　= My ideas is <u>for us to share the room.</u>　[we ➡ for us]
부정사의 의미상 주어는 명사절뿐만 아니라 부사절[80 page], 형용사절이 부정사로 변할 때도 적용됩니다. **[116 page]**

부정사가 주어일 때는 가주어로 표현하는 것이 좋습니다. 몇 가지 자주 쓰이는 표현들을 익혀 두세요. 대부분은 명사절(가주어)에서 사용했던 표현들이니까 어렵지는 않습니다.

부정사의 가주어 표현	
It is +형용사보어+ to ~	
중요하다	It's important **to~**
필수적이다	It's essential **to~**
당연하다	It's natural **to~**
가능하다	It's possible **to~**
불가능하다	It's impossible **to**
흥미, 재미있다	It's interesting **to**
좋다	It's good **to~**
낫다, 더 좋다	It's better **to~**
최선이다	It's best **to~**

나쁘다	It's bad **to~**
쉽다	It's easy **to~**
힘들다, 어렵다	It's hard **to~**
힘들다, 어렵다	It's difficult **to~**
끔찍하다	It's terrible **to~**
위험하다	It's dangerous **to**
말이 되다, 이치에 맞다, 이해가 되다	
It makes sense to~	
~하는데~이 걸리다 (들다, 필요하다)	
It takes + 시간, 돈, 노력, 등 + to~	

'if, whether'절을 간단하게	의무, 가능의 의미인 whether 절이 **목적어**인 때 ▶ whether to ~

의무, 가능(should, must, can, could)의 의미인 **'if, whether'** 명사절이 동사의 목적어인 경우 주어를 생략하면 **'whether to ~'**의 형태로 간단히 할 수 있습니다. 하지만 접속사 **'if'**는 부정사와 함께 사용할 수 없습니다. 【 I don't know if to go or not. (✗) 】

철수는 ~~철수가~~ 웃어야 할지 울어야 할지 몰랐다.	Chulsu did not know **whether** ~~he should~~ laugh or cry.
철수는 웃어야 할지 울어야 할지 몰랐다.	✽ Chulsu did not know **whether to** laugh or cry.
난 ~~내가~~ 그를 믿어야 할지 모르겠다.	I do not know **whether** ~~I must~~ believe him.
난 그를 믿어야 할지 모르겠다.	✽ I do not know **whether to** believe him.
그녀는 ~~그녀가~~ 거기 갈 수 있을지 아닐지 모른다.	She does not know **whether** ~~she can~~ go there or not.
그녀는 거기 갈 수 있을지 아닐지 모른다.	✽ She does not know **whether to** go there or not.

| 의문사 명사절을 간단하게 | 의무, 가능의 의미인 의문사 명사절이 **목적어**일 때 ➡ 의문사 to ~ |

의문사 명사절이 목적어인 경우에도 주어가 필요 없고 **동사**가 의무, 가능(have to, should, can, could)의 의미인 경우 부정사를 사용하여 '의문사 + to ~'의 형태로 표현할 수 있습니다. 단, '**why to ~**'의 형태는 사용하지 않습니다.

난 내가 누구를 믿어야 할지 모르겠다.	» I don't know **who/whom to** believe.
그는 그가 무엇을 해야 하는지 몰랐다.	» He did not know **what to** do.
내가 어떤 책을 읽어야 할지 결정했다.	» I decided **which book to** read.
그는 그가 언제 멈춰야 하는지 안다.	» He knows **when to** stop.
우리가 어디로 갈지 결정해야 해.	» We have to decide **where to** go.
내가 어떻게 거기 갈 수 있는지 모른다.	» I don't know **how to** get there.
내가 얼마나 오래 기다려야 하는지 몰라.	» I do not know **how long to** wait.
내가 왜 공부를 해야 하는지 모르겠어.	» I do not know **why to** study. **(X)**

☆ 'that' 명사절은 동사의 의미와 상관없이 준동사로 표현할 수 있습니다.
하지만 'whether'과 '의문사' 명사절은 절의 동사가 의무, 가능의 의미가 아닐 경우 '접속사 + to ~'의 형태로 간단하게 표현하지 않습니다.

I do not know whether I am right.   (O)

I do not know whether to be right.   (X)

He knew when he wrote that.   (O)

He knew when to write that.   (X)

한국어는 동사형어미(~다)를 명사형어미(~것, 고, 기, ~지)로 바꾸어 절을 만들기 때문에 절의 주어가 필요 없다면 생략하면 그만입니다. 즉, 한국어는 절과 준동사가 엄격하게 구분되지 않지요. 하지만 영어는 문장 앞에 접속사(that, if, whether, 의문사)를 붙여 절을 만듭니다. 따라서 절의 주어를 생략하면 더 이상 절의 형태가 아니기 때문에 절 속의 동사는 반드시 준동사(verbal)의 형태로 바꾸어 주어야 하는 것이지요. 물론 절을 준동사 형태로 바꾸었다고 해서 의미가 달라지는 것은 절대로 아닙니다. 의미는 절과 꼭 같지요. 다만 형태만 간단해지는 것입니다. 준동사는 절의 형태를 간단히 표현한 것이니까요.

문장성분	품사	구	절	준동사
주어	명사	명사구	명사절	동명사 / 부정사
동사			that (S + V)	~ing / to ~
목적어				
보어			whether (S + V)	whether to ~
			who/whom (S + V)	who/whom to ~
			whose (S + V)	whose to ~
			what (S + V)	what to ~
			which (S + V)	which to ~
			when (S + V)	when to ~
			where (S + V)	where to ~
			how (S + V)	how to ~
			why (S + V)	

✿ 절(clause) 대신 준동사를 사용하면 불필요한 주어를 생략할 수 있어 보다 간략한 형태로 의미를 전달할 수 있다는 것을 기억하세요.

It's important **(that) we save water**.	주어
It's important **to save water**.	주어
Saving water is important.	주어
Her hobby is **she grows flowers**.	보어
Her hobby is **to grow flowers**.	보어
Her hobby is **growing flowers**.	보어
I do not know **whether I should go**.	목적어
I do not know **whether to go**.	목적어
He knows **what he should do**.	목적어
He knows **what to do**.	목적어

품사와 명사 시리즈 정리

1. 품사와 문장성분

품사는 단어를 **기능**에 따라 분류한 것입니다.

MAP		
문장성분	**품사**	**구**
주어	명사	명사구
동사	동사	
목적어	형용사	
보어	부사	

➡ 명사, 명사구는 문장 속에서 주어, 목적어, 보어의 기능을 담당합니다.
➡ 동사는 동사의 기능만을 담당합니다.
➡ 형용사는 명사수식과 형용사보어의 두 가지 기능을 담당합니다.
➡ 부사는 명사를 제외한 품사(동사, 형용사, 부사)를 수식합니다.

한국어는 **조사**를 사용하여 명사의 기능(주어, 목적어, 보어)을 표시합니다.

하지만 영어는 **명사의 위치**(동사 앞, 동사 뒤)로 명사의 기능을 표시합니다.

이 차이 때문에 한국어와 영어는 문장성분의 나열 순서(어순)가 서로 다른 것이지요.

즉, 한국어의 동사는 항상 문장 끝에 오고 영어의 동사는 항상 주어 뒤에 와야 합니다.

그래서 영어는 동사를 자유롭게 표현할 수 있는 능력이 무엇보다 중요합니다.

동사를 자유롭게 표현하려면 네 가지 조동사와 대체표현에 익숙해지는 것이 필수지요.

2. 조동사와 조동사의 법칙

영어는 동사의 형태가 '**동사원형, 현재, 과거, 현재분사, 과거분사**'뿐입니다.

그래서 다양한 시제와 의미표현을 위해 조동사(helping verb)의 활용이 매우 중요한 언어입니다.

즉, 단순현재와 단순과거를 제외한 모든 문장은 반드시 하나 이상의 조동사를 사용해야 하는 것이지요.

영어의 조동사는 네 가지(**형식조동사, have, be, do**)로 분류합니다.

그리고 조동사의 법칙(not은 조동사 뒤에만, 조동사만이 주어 앞으로)을 알고 있으면 쉽게 부정문과 의문문을 만들 수 있습니다.

또, 형식조동사 대체표현을 활용하면 더욱 다양한 의미를 전달할 수 있지요.

3. 동사의 종류

영어는 동사가 필요로 하는 문장성분에 따라 문장의 형식을 구분합니다.

주어와 동사 만으로 문장이 완성될 수 있는 동사를 '1형식동사'라고 부릅니다. [S+V]

동사가 주어의 상태(상태의 변화, 유지, 감각)를 표현할 경우 보어(주격보어)라는 문장 성분이 필요하지요.

주격보어가 필요한 동사를 '2형식동사'라고 부릅니다. [S+V]+Cn(명사보어), [S+V]+Ca(형용사보어)

'~을, ~를'에 해당하는 목적어가 필요한 동사를 '3형식동사'라고 부릅니다. [S+V]+Ov(동사의 목적어)

그리고 목적어가 필요한 동사와 목적어가 필요 없는 동사를 구분하기 위해 자동사(intransitive verb) 타동사(transitive verb)로 구분하기도 합니다. '1,2형식동사'는 자동사에 속하고 '3형식동사'는 타동사에 속하게 되겠지요. (4형식, 5형식 동사는 2권에서 공부하겠습니다.)

보충 tag

물론 4형식과 5형식 동사는 타동사에 속합니다.

4. 명사 시리즈

한국어는 어미가 발달된 언어입니다. 하지만 영어는 어미가 없습니다.

한국어는 동사형 어미(~다)를 **명사형 어미**(~것, ~고, ~기, ~지)로 바꾸어 쉽게 동사를 명사로 만들 수 있습니다.

즉, 문장을 명사절(noun-clause)로 만들거나 동사를 명사로 바꾸어 사용할 수 있지요.

어미가 없는 영어는 문장 앞에 **명사절 접속사**(that, if, whether, 의문사)를 붙여 명사절을 만들어야 합니다.

또 동사를 명사로 사용하기 위해서는 동사의 형태를 **동명사**(~ing) 또는 **부정사**(to ~)라는 준동사로 바꾸어 주어야 하지요.

한국어는 절의 주어가 필요 없다면 생략하면 그만입니다. 즉, 명사절과 준동사(동명사, 부정사)의 구분이 없습니다.

하지만 영어는 절의 주어를 생략하면 동사의 형태를 반드시 준동사의 형태로 바꾸어 주어야 합니다.

즉, that절은 동명사와 부정사로, whether과 의문사절은 '접속사 + 부정사(to ~)'의 형태로 간단히 표현할 수 있지요.

결국 '명사, 명사구, 명사절, 동명사, 부정사'는 형태는 달라도 모두 명사의 기능을 가지고 있고 우리는 이 다섯 가지 형태를

명사 시리즈(noun-series)라고 불렀습니다.

그리고 필요에 따라 적절한 명사 시리즈를 주어, 목적어, 보어자리에 사용하면 되는 것이지요.

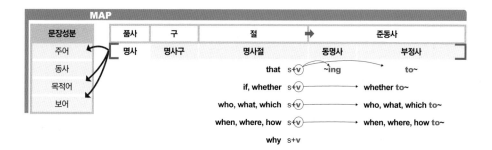

Chapter

2

부사 시리즈

부사 시리즈

부사는 동사, 형용사, 부사를 꾸며 **언제, 어디서, 왜, 어떻게, 얼마나**(when, where, why, how, how~)의 정보를 전달합니다.
지금부터는 부사와 기능은 같지만 형태가 다른 '부사구, 부사절, 부정사, 분사'를 자유롭게 활용할 수 있도록 부사 시리즈를
익혀보도록 하겠습니다.

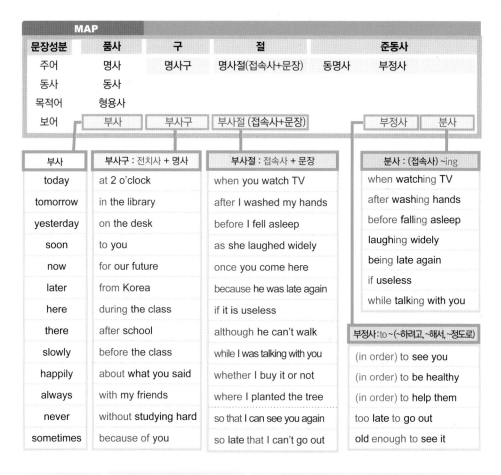

문장성분	품사	구	절		준동사	
주어	명사	명사구	명사절(접속사+문장)	동명사	부정사	
동사	동사					
목적어	형용사					
보어	부사	부사구	부사절 (접속사+문장)		부정사	분사

부사	부사구 : 전치사 + 명사	부사절 : 접속사 + 문장	분사 : (접속사) ~ing
today	at 2 o'clock	when you watch TV	when watching TV
tomorrow	in the library	after I washed my hands	after washing hands
yesterday	on the desk	before I fell asleep	before falling asleep
soon	to you	as she laughed widely	laughing widely
now	for our future	once you come here	being late again
later	from Korea	because he was late again	if useless
here	during the class	if it is useless	while talking with you
there	after school	although he can't walk	
slowly	before the class	while I was talking with you	**부정사** : to ~ (~하려고, ~해서, ~정도로)
happily	about what you said	whether I buy it or not	(in order) to see you
always	with my friends	where I planted the tree	(in order) to be healthy
never	without studying hard	so that I can see you again	(in order) to help them
sometimes	because of you	so late that I can't go out	too late to go out
			old enough to see it

부사는 단어의 형태로 동사, 형용사, 부사를 수식합니다.

☆ 부사구는 전치사+명사(전치사의 목적어)의 형태고, 전치사는 한국어의 부사격조사(~에, ~와, 등)에 해당합니다.
(학교에 : to school, 너와 : with you)

☆ 부사절은 명사절처럼 '접속사 + 문장'의 형태로 이루어집니다.
즉, 문장에 부사절 접속사를 붙이면 부사절이 되는 것이지요.
그리고 절의 주어를 생략하고 준동사로 간단히 할 수도 있습니다.
부사절은 부정사(to ~)와 분사(~ing)의 형태로 간단히 할 수도 있지요.

부사는 단어(word)의 형태로 동사, 형용사, 부사를 꾸며 **시간, 장소, 방향, 방식, 빈도** 등을 표현합니다.

부사를 쓸 때는 부사의 위치에 주의해야 하는 경우가 많이 있습니다. 대부분의 부사는 기본적으로 문장의 끝 또는 주어 앞에 써 줍니다. 하지만 방식, 빈도의 부사와 일부 부사들은 일반동사 앞(조동사가 있다면 조동사 뒤)에 쓸 수 있거나 꼭 그 자리에 써야 하지요.

시간 부사 : 언제	주로 문장 끝 또는 앞에 써 줍니다.
난 오늘 / 오늘 밤에 널 보고 싶어.	I'd like to see you today / tonight.
난 내일 널 보고 싶어.	I'd like to see you tomorrow.
난 지금 / 곧 널 보고 싶어.	I'd like to see you now / soon.
난 먼저 / 나중에 널 보고 싶어.	I'd like to see you first / later.
난 언젠가 / 그때 널 보고 싶어.	I'd like to see you sometime / then.
요즘 나는 그녀를 만나고 있어.	These days I am meeting her.
전에 / 최근에 그를 본 적 있다.	I have seen him before / recently.
한 번 / 두 번 / 여러 번 이걸 봤다.	~ it once / twice / many times.
그때 난 그를 봤다.	Then I saw him.
난 이미 그를 본 적 있다.	I have already seen him.
난 일찍 / 늦게 일어난다.	I get up early / late.
마침내 난 그를 볼 수 있었다.	Finally I could see him.

this, next, last, one, every, each + 시간명사 + ago, later	
난 매일 그녀를 본다.	I see her **every** day.
난 월요일마다 그녀를 본다.	I see her **every** Monday.
난 **이번** 주말에 그녀를 볼 거야.	I will see her **this** weekend.
난 **이번**에 그녀를 봐야 한다.	I have to see her **this** time.
다음 주에 그녀를 볼 예정이야.	I am going to see her **next** week.
다음 달에 그녀를 볼 수 있어.	I can see her **next** month.
어제 저녁에 그녀를 봤어.	I saw her **last** evening.
어느 날 난 거기서 그녀를 봤어.	**One** day I saw her there.
난 며칠 전에 그녀를 봤어.	I saw her some days **ago**.
난 두 시간 전에 그녀를 봤어.	I saw her two hours **ago**.
한 시간 후에 그녀를 볼 거야.	I am going to see her an hour **later**.

☆ 'this, last, next, every, each, one ago, later'은 시간명사와 함께 다음과 같은 의미를 표현할 수 있습니다.

this + 시간명사 : 오늘 ~, 이번 ~, 이 ~	
오늘 아침(에)	this morning
오늘 오후(에)	this afternoon
이번 겨울(에)	this winter
이번 주말(에)	this weekend
올해	this year
이번에	this time

next / last + 시간명사 : 다음~ / 지난~	
내일 아침(에)	next morning
다음 주(에)	next week
다음 번(에)	next time
작년(에)	last year
지난 일요일	last Sunday
지난번에	last time

every / each + 시간명사 : (매) ~마다	
매일	every/each day
일요일마다	every/each Sunday
봄마다	every/each spring
매번	every/each time

one + 시간명사 : 어느 ~	
어느 날	one day
한 번은, 한때	one time

시간명사 +ago /later : ~전에/~뒤에	
한 시간 전(에)	**an hour** ago
몇 일 전(에)	**some days** ago
오래 전에	**a long time** ago
두 시간 후(에)	**two hours** later

| 장소와 방향 **부사** : 어디에, 어디로 | 주로 문장 끝 또는 앞에 써 줍니다. |

여기서 / 거기서 / 어디서 기다려.　Wait here / there / somewhere.
난 외국(해외)으로 / 집에 갈 거야.　I will go abroad / home.
그는 위층에 / 아래층에 있다.　He is upstairs / downstairs.
들어와. / 나와. / 돌아와.　Come in / out / back.
밖에서 / 안에서 놀자.　Let's play outside / inside.
(아래로 / 위로) 걸어가.　Walk down / up.

| 방식 **부사** : 어떻게 | 문장 끝, 앞 또는 일반동사 앞에 써 줍니다. |

너는 수영을 잘 할 수 있어.　You can swim well.
그는 정말 빠르게 그걸 읽었다.　He read that really fast.
그들은 행복하게 살았다.　They lived happily.
난 그걸 천천히 옮겼다.　I slowly moved that.
팔을 천천히 움직여 봐.　Move your arms slowly.
갑자기 그녀가 울기 시작했다.　Suddenly she began to cry.

| 빈도 **부사** : 얼마나 자주 | 문장 끝, 앞 또는 일반동사 앞에 써 줍니다. |

그는 항상(늘, 언제나) 행복해 보여.　He always looks happy.
난 거의 그를 안 본다.　I hardly(seldom) see him.
절대로(결코, 전혀) 거짓말 안 해.　I never lie.
그녀는 자주(종종) 여기 온다.　She often comes here.
가끔(때때로) 나는 거짓말을 해.　Sometimes I lie.

'**be 동사**+장소 부사'는 '~에 있다'를 표현합니다.

be + 부사 : ~에 있다

I **am** here.　나 여기 있어.
Jane **was** there.　Jane이 거기 있었다.
I will be home today.　난 오늘 집에 있겠다.
Mom **is** upstairs.　엄마는 위층에 계셔.
He **is** abroad.　그는 외국에 있다.

한국어가 형용사에 '~게, 히'를 붙여 부사로 사용하듯이 영어는 **형용사**에 '~ly'를 붙여 방식을 표현하는 부사로 사용합니다.

형용사+ly

행복한 : 행복하게	happy : happily
친절한 : 친절하게	kind : kindly
쉬운 : 쉽게	easy : easily
갑작스런 : 갑작스럽게	sudden : suddenly
조용한 : 조용히	quiet : quietly

☆ 'never, hardly, seldom'은 '**절대, 거의~않다**'의 **부정문**을 만들기 때문에 'not'과 함께 사용할 수 없습니다.

I never / hardly / seldom study.
I **don't** never / hardly / seldom study. (X)
It is hardly possible that he knows it.
It is **not** hardly possible that he ~. 　(X)

☆ 'always, never, hardly, seldom'은 반드시 일반동사 앞 또는 조동사 뒤에 써야 합니다. [형식조동사, be, have, do]

I **can** always / never / hardly / seldom see her.
I **am** always / never / hardly / seldom happy.
I **have** always / never / hardly / seldom loved you.
I always / never / hardly / seldom **eat** fast food.

☆ 'also, still, just, only, even' 역시 주로 일반동사 앞, 조동사 뒤에 써 줍니다.

It **will** only be useless.　단지 쓸모 없을 뿐일 거야.
It **is** just a joke.　이건 그저 농담이야.
I **have** also read it.　나도 (또한) 읽었어.
I **did not** even read it.　(심지어) 그걸 읽지도 않았어.
I still **love** you.　난 여전히 널 사랑해.

축구 했다.	I played soccer.
공원에서 **축구** 했다.	I played soccer at the park.
친구들과 공원에서 **축구** 했다.	I played soccer at the park with friends.
<u>어제</u> <u>3시간 동안</u> <u>친구들과</u> <u>공원에서</u> **축구** 했다.	I played soccer at the park with friends for 3 hours yesterday.

어제(부사) 3시간 동안(부사구) 친구들과(부사구) 공원에서(부사구) ／ at the park(부사구) with friends(부사구) for 3 hours(부사구) yesterday(부사)

한국어는 **명사**에 부사격조사(~에, ~안에,~에게 등)를 붙이면 명사를 부사로 사용할 수 있지요. [**공원에서, 친구들과, 3시간동안**]
영어는 **명사 앞**에 **전치사**(preposition)를 붙여 부사로 사용할 수 있는데, 이때 '전치사 + **명사(구)**'는 부사 역할을 하
는 구(phrase)의 형태이므로 **부사구**(adverb-phrase)라고 부릅니다. [**at + the park, with + friends, for + 3 hours**]
전치사에 따라오는 명사를 **전치사의 목적어**(Object of Preposition : **Op**)라고 부르는데, 전치사는 목적어가 없
면 아무런 역할도 할 수 없습니다.
즉, 명사는 두 가지 목적어[**동사의 목적어**(Object of Verb : **Ov**)와 **전치사의 목적어**(**Op**)] 역할을 하는 것이지요.

두 가지 목적어 [Ov, Op]			
난 일요일이 좋아.	I love **Sunday**.	동사의 목적어	[동사+명사]
난 일요일에는 한가해.	I am free **on Sunday**.	**전치사의 목적어**	[전치사+명사]
난 그 녀석을 믿지 않아.	I do not believe **that guy**.	동사의 목적어	[동사+명사]
난 그 녀석과 놀지 않아.	I do not play **with that guy**.	**전치사의 목적어**	[전치사+명사]
난 그녀를 존경해.	I respect **her**.	동사의 목적어	[동사+명사]
난 그녀에게서 이걸 들었어.	I heard it **from her**.	**전치사의 목적어**	[전치사+명사]
난 큰 용을 그리고 있어.	I am drawing **a huge dragon**.	동사의 목적어	[동사+명사]
난 큰 용 위에 타고 있었어.	I was riding **on a huge dragon**.	**전치사의 목적어**	[전치사+명사]

보충 tag

명사가 전치사의 목적어 역할을 한다는 것은 명사시리즈(명사, 명사구, 명사절, 동명사, 부정사)가 전치사의 목적어가 될 수 있다
는 뜻이겠지요. 하지만 명사시리즈 중에서 부정사(to ~)는 전치사의 목적어로 사용하지 않습니다. 전치사의 목적어에 대해서는
72, 73 page에서 좀 더 자세히 다루고 있습니다.

☆ **전치사는 혼자서는 아무것도 할 수 없습니다.**

전치사는 반드시 **목적어**와 결합해야만 어떤 기능을 담당할 수 있습니다.

그리고 **명사**만이 전치사의 목적어 역할을 할 수 있습니다.

[즉, 전치사 뒤에는 반드시 명사, 명사구가 있습니다.]

전치사와 한국어의 부사격조사의 의미가 완전히 일치하는 것은 아니지만 대부분의 전치사는 한국어의 부사격조사와 비슷하기 때문에 쉽게 익힐 수 있습니다.

부사구를 사용하면 부사만으로는 표현할 수 없는 다양한 의미를 훨씬 구체적으로 표현할 수 있습니다.

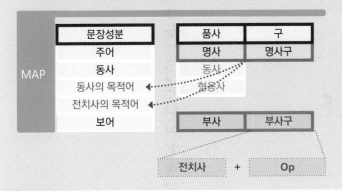

보충 tag

전치사(preposition)는 혼자서는 아무런 역할도 하지 않습니다.

그리고 절(clause)을 만드는 종속 접속사(명사절 접속사, 부사절 접속사, 형용사절 접속사)도 마찬가지요.

그래서 명사, 동사, 형용사, 부사처럼 단어 혼자서 기능을 담당할 수 있는 품사를 독립 품사라고 부르고, 전치사와 절의 접속사처럼 혼자서는 기능을 하지 못하는 품사들을 종속 품사라고 부릅니다.

MAP					
문장성분	품사	구	절		준동사
주어	명사	명사구	명사절	동명사	부정사
동사	동사	혼자서 기능을 담당할 수 있는 독립 품사			
목적어	형용사				부정사　분사
보어	부사				부정사　분사
	전치사	혼자서는 기능을 담당할 수 없는 종속 품사			
	종속 접속사				

1. 시간을 표현하는 전치사

명사 + 부사격조사	전치사 + 명사
우린 어제 1시에 만났어.	We met **at** 1 o'clock yesterday.
우린 밤에 만났어.	We met **at** night.
우린 7살에 처음 만났어.	We met first **at** age 7.
우린 그때에 처음 만났어.	We met first **at** that time.
우린 1시쯤에 만났어.	We met **around** 1 o'clock.
우린 일요일에 / 토요일마다 ~	We met **on** Sunday / **on** Saturdays
우린 5월 18일에 만났어.	We met **on** May 18.
12월에 / 2011년에 만났어.	We met **in** December / **in** 2011.
우린 봄에 / 아침에 만났어.	We met **in** spring / **in** the morning.
우린 중학교 때 다시 만났어.	We met again **in** middle school.
우린 5일 이내에 만나야 해.	We should meet **within** 5 days.
점심 전에 / 3시 전에 만났어.	We met **before** lunch / 3 o'clock.
저녁식사 후에 / 방과 후에 ~.	We met **after** dinner / **after** school.
처음부터 다시 읽어.	Read again **from** the beginning.
9시부터 11시까지 공부했지.	We studied **from** 9 **to** 11.
우린 지난주부터 안 만났다.	We **haven't met since** last week.
그때 이후로, 그는 자고 있다.	**Since** then, he **has been sleeping**.
우린 3시간 동안 공부했거든.	We studied **for** three hours.
몇 년 동안 이것을 연구했지.	We studied it **for** a few years.
우린 그 수업 동안(내내) 잤다.	We slept **during** the class.
밤중에(동안, 내내) 비가 왔어.	It rained **during** the night.
9시까지는 여기서 공부한다.	We study here **until** 9 pm.
(늦어도) 내일까지는 끝내야 해.	We should finish it **by** tomorrow.

시간 전치사

at ~	(특정 시간, 나이)에
in ~	~(안, 내)에, ~만에, ~때
on ~	(요일, 날짜, 날)에
around ~	~쯤, 약~쯤
within ~	특정 기간 내에
before ~	~전에, ~앞서(먼저)
after ~	~후에, ~뒤에
from ~	~부터
from ~ to ~	~부터 ~까지
since ~	~부터, ~이후 (죽)
until ~	~까지 (계속)
by ~	(늦어도) ~까지는, ~쯤
for ~	~동안, ~간
during ~	~동안, ~내내, ~중에

'at'은 시간을 **점**(시점)으로 여길 때 사용하며 'in'은 시간을 **기간, 범위**로 여길 때.
Let's meet at lunchtime.
I read a book in lunchtime.

'on'은 요일, 날짜, 특정한 날, 특히 'on 요일(s)'은 '~마다(every)'를 표현합니다.
Let's meet on Monday/Hangul Day.
Let's meet on Mondays.(= every Monday)

'within'은 '특정 기간 내에, 안에'의 의미이며 'in'과 크게 다르지 않습니다.
Finish it within 3 days. (= in 3 days)

'since'는 '~부터, ~이후 죽~, ~이래로'의 의미이며 주로 **완료시제**와 함께 사용.
I have not eaten since breakfast.
I have been living here since then.

for + 구체적인 시간	**during** + 명사
for two minutes	during the class
for ten hours	during vacation
for a few months	during the war
for some years	during the day

until: ~까지 계속 by: 늦어도 ~까지

I will stay here until tomorrow.
I will wait until the last minute.
I have to go there by tomorrow.
I should finish it by 10 pm.

장소, 방향의 부사구

우린 도서관에서 / 안에서 만났다.	We met **at** / **in** the library.
우린 그 길 위에서 만났다.	We met **on** the street.
그것은 2km 내에 있는 게 분명하다.	It must be **within** 2 km.
난 철수 앞에서(앞서) / 뒤에서 ~.	I walked **after** / **before** Chulsu.
난 그녀 앞에 / 뒤에 섰다.	I stood **in front of** / **behind** her.
난 그녀 옆에 섰다.	I stood **beside (by, next to)** her.
난 그 두 남자들 사이에 섰다.	I stood **between** the two men.
난 그들 중에 있었다.	I was **among** them.
난 도서관 주위로 / 근처에서 ~.	I walked **around** / **near** the library.
우린 도서관으로 걸어갔다.	We walked **to** the library.
난 네 친구들에게서 이걸 들었어.	I heard it **from** your friends.
난 도서관에서 집까지 걸어갔다.	I walked **from** the library **to** home
우린 길을 가로질러 / 따라서 ~.	We ran **across** / **along** the street.
우린 터널을 통해(통과해서) ~.	We ran **through** the tunnel.
우린 터널 속으로(안으로) 달렸다.	We ran **into** the tunnel.
우린 터널 밖으로 달려 나왔다.	We ran **out of** the tunnel.
난 다리 위로(너머로) / 아래로 ~.	I ran **over** / **under** the bridge.
그 동전은 네 발 밑에 있다.	The coin is **beneath** your foot.
우린 언덕 위로 / 아래로 걸어갔다.	We walked **up** / **down** the hill.

장소, 방향 전치사

at ~	~에(서), ~에게
in ~	~안에, ~속에
on ~	~위에, ~중에
within ~	~내에
after ~	~뒤에
before ~	~앞에, 앞서
in front of ~	~앞에
behind ~	~뒤에
beside, by ~	~옆에, ~곁에
between ~	(둘) 사이에
among ~	(셋 이상) 사이, 중에
around ~	~주위에, 돌아서
near ~	~가까이, 근처에
to ~	~에(게), 쪽으로, 까지
from ~	~에서, ~로부터
from ~ **to** ~	~에서~까지
across ~	~을 가로질러, 건너
along ~	~을 따라서
through ~	~통해, 거쳐, 사이로
into ~	~속(안)으로
out of ~	~밖으로
over ~	~위로, 넘어, 건너
under ~	~아래, 밑에, ~이하
beneath ~	~아래, 밑에
up ~	~위로
down ~	~아래로

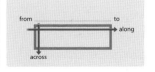

be + 장소의 부사구 : ~가 ~에 있다.

be 동사 + 장소의 부사구

나도 그 콘서트에 있었어.	I **was** also at the concert.
많은 동물들이 동물원에 있다.	A lot of animals **are** in the zoo.
이 동물들은 위험에 처해있다. ＊	These animals **are** in danger.
그 귀신이 네 어깨 위에 있어.	The ghost **is** on your shoulder.
우린 휴가 중이야. ｜｜	We **are** on vacation.
난 학교로 가는 중이었다. ＊	I **was** on my way to school.
그는 내 뒤 / 앞에 있었다.	He **was** in front of / behind me.
네 자전거는 담 옆에 있어.	Your bicycle **is** beside / by the wall.
건물 옆에 뭐가 있었지?	What **was** next to the building?
그녀가 늘 우리 사이에 있었다.	She **was** always between us.
B는 A와 C 사이에 있다.	B **is** between A and C.
그도 학생들 사이에(중에) 있었다.	He **was** also among the students.
다섯 개의 의자가 식탁 주위에 있다.	Five chairs **are** around the table.
그 가게는 모퉁이를 돌아서 있다.	The store **is** around the corner.
난 이 주위에(근처에) 있을게.	I will **be** around here.
그 집은 호수 가까이(근처에) 있었다.	The house **was** near the lake.
난 울릉도에서 왔어. (~ 출신이다.) ＊	I **am** from Ulleung island.
약국은 길 건너에 있어.	Pharmacy **is** across the street.
키 큰 나무들이 강을 따라 있었다.	Tall trees **were** along the river.
그 녀석은 통제 불능이야. ＊	That guy **is** out of control.
난 담장 너머에 있었다.	I **was** over the fence.
이 건물은 300년 이상 되었다. ＊	This building **is** over 300 years.
공중화장실이 저쪽에(저 너머에) 있다.	The public toilet **is** over there.
그 보물들은 바다 밑에 있다.	The treasures **are** under the sea.
그들은 17세 이하(미만)이다. ＊	They **are** under 17.
그는 스트레스를 받았다. ＊	He **was** under stress.
도서관은 리모델링 중이야. ＊	This library **is** under remodeling.

☆ 'be + 부사, 부사구'는 '~에 있다'의 의미입니다.

'be + 전치사'로 주어의 상태를 표현할 수 있습니다. 이 표현들을 알고 있으면 굳이 다른 동사를 사용할 필요가 없어 편리하지요.

· be **in** danger / trouble
위험 / 곤경에 처하다
· be **in** love
사랑에 빠지다
· be **in** school uniform
교복을 입고 있다

· be **on** a trip
여행 중이다
· be **on** holiday, vacation
휴가 중이다
· be **on** the phone
통화 중이다
· be **on** the way to ~
~로 가는 중이다
· be **on** a bicycle
자전거를 타고 있다

· be **out of** control
통제를 벗어나다
· be **out of** danger
위험을 벗어나다
· be **out of** order
고장 나다
· be **out of** one's mind
정신이 나가다

· be **from** ~
~에서 왔다, ~출신이다

· be **over** 20
20살이 넘었다, 이상이다

· be **under** 20
20살이 안 된다, 이하이다
· be **under** control
통제하에 있다
· be **under** attack
공격 받고 있다
· be **under** treatment
치료 중이다

'be 동사'의 의미가 '~있다, 없다'인 경우 'There + **be** + 주어 (+부사구)'의 형태로 표현하는 경우가 많습니다. 특히 '[분명하지 않은 주어]가 있다, 없다'를 표현하는 경우는 대부분 'There~'로 문장을 시작합니다. 이 때 'There~'은 부사구를 대신하면서 문장을 이끌어 주며 유도부사라고 부릅니다.

| A small table | **was** | in the corner. | ₐ작은 테이블이 구석에 **있었다.** |
| **There** | **was** | a small table | in the corner. | 구석에 ₐ작은 테이블이 **있었다.** |

There~은 '거기'라는 의미라기 보다는 **대신한 부사구**(구석에)를 표현합니다.

> There be + [a, several, some, a few, a lot of, lots of, many, one, two, 등] + 셀 수 있는 명사
> There be + [some, a little, a lot of, lots of, much] + 셀 수 없는 명사
> There be + [no, few] + 셀 수 있는 명사, [no, little] + 셀 수 없는 명사 : ~이 (거의) 없다
> There be + [명사, something, someone, 등] : 무언가, 누군가 있다
>   [nothing, no one, 등] : 아무것도, 아무도 없다

~가 있다. 없다.	주어 + be	There + be + 주어
인생에는 항상 문제들이 있지.	**Problems are** always in our life.	**There are** always problems in ~.
거기 큰 쇼핑몰이 **하나** 있어.	A big shopping mall **is** there.	**There is** a big shopping mall.
몇 가지 차이점들이 있다.	**Some(a few)** differences **are** there.	**There are** some differences.
시장에 사람이 **많이** 있을 거야.	**A lot of** people will **be** at the market.	**There** will **be** a lot of people at~.
태양계에 **여덟 개** 행성이 있다.	**Eight** planets **are** in the solar system.	**There are** eight planets in the ~.
담요 밑에 **무엇인가가** 있었다.	**Something was** under the blanket.	**There was** something under~.
지붕 위에 눈이 **조금** 있다.	**Some(a little)** snow **is** on the roof.	**There is** some snow on~.
국에 소금이 **너무** 많았어.	Too **much** salt **was** in the soup.	**There was** too much salt in~.
그 숲 속에는 동물이 **없었다.**	**No** animals **were** in the forest.	**There were** no animals in~.
도시에는 나무가 **(거의) 없다.**	**No (Few)** trees **are** in the city.	**There are** few trees in the city.
올 봄에는 비가 **(거의) 없었다.**	**No (Little)** rain **was** during this spring.	**There was** little rain during~.

☆ 하지만 인칭 대명사나 이름(**I, you, we, they, he, she, it, this, that, Chulsu**) 또는 특정한 명사를 지칭하는 한정사(**my~, his~, their~, the~, this~, that~**)가 있는 주어일 때, 즉 주어가 분명할 때는 유도부사를 사용하지 않습니다.

There was **he** / **she** / **I** / **that** / **it** / **Chulsu. (✗)**   ➤ **He** / **She** / **I** / **That** / **It** / **Chulsu** was there. **(O)**
There is **my** / **Chulsu's** / **the** / **that** house. **(✗)**   ➤ **My** / **Chulsu's** / **The** / **That** house **is** there. **(O)**

기타 부사구

그는 자연에 대해 이야기했다.	He talked **about** the nature.
그는 널 위해서 무엇이든 할걸.	He will do anything **for** you.
이 이유로(때문에), 그는 죽었다.	**For** this reason, he died.
그는 부모님과 (함께) 산다.	He lives **with** his parents.
그는 블럭을 가지고 놀았다.	He played **with** plastic blocks.
그는 찬물로 샤워했다.	He took a shower **with** cold water.
그는 꿈도 없이 살아가고 있다.	He is living **without** a dream.
그는 자전거로 여기 왔다.	He came here **by** bike.
그는 손으로 이걸 만들었어.	He made it **by** hands.
그는 아버지처럼 이야기한다.	He talks **like** my father.
그는 바람같이 달렸다.	He ran **like** the wind.
그는 책을 베개로(처럼) 쓴다.	He uses the book **as** a pillow.
그는 널 친구로 생각 안 해.	He does not think you **as** a friend.
노력에도 불구하고, 실패했다.	**Despite** the effort, he failed.
그는 나 대신 거기 갔다.	He went there **instead of** me.
그는 나 때문에 늦었다.	He was late **because of** me.
너를 제외하고 모두 왔다.	Everyone came **except** (for) you.

기타 전치사

about ~	~에 대해, 관해서
for ~	~을 위해, ~로(향해) / ~때문에, ~(이유)로
with	~와,랑 (함께,같이) / ~을 가지고(도구)
without ~	~ 없이(는)
by ~	~로(수단), ~에 의해
like ~	~처럼, 같이
as ~	~로서, ~로, ~처럼
despite ~	~에도 불구하고
instead of ~	~대신
because of ~	~때문에
except (for)~	~를 제외하고 / ~외에는, ~말고는

be + 기타 전치사

이 책은 곤충에 대한 것이다.	This book **is about** insects.
이 책은 아이들을 위한 거야.	This book **is for** young children.
그 기차는 광주행이다.	The train **is for** Gwangju.
난 어제 철수와 함께 있었어.	I **was with** Chulsu yesterday.
일 분이 한 시간 같았다.	A minute **was like** an hour.
그녀는 아빠를 닮았어.	She **is like** her father.
그건 너 때문이야.	It **is because of** you.

'**be** + 기타 전치사'는 이런 의미를 표현합니다.

be about ~ : ~에 대한(관한) 것이다
be for ~ : ~를 위한 것이다 / ~행이다
be with ~ : ~와 함께 있다
be like ~ : ~같다, ~를 닮았다
be because of : ~때문이다

- 자동사 같은 타동사 -

영어의 몇몇 동사는 의미로는 꼭 전치사가 있어야 하는 자동사 같은데, 전치사를 붙이면 안 되는 타동사인 경우가 있습니다.

attend	~에 참석, 출석하다	He didn't attend ~~to~~ the meeting.	X
		He didn't attend the meeting.	O
answer	~에 대답, 답하다	Who can answer ~~to~~ the question?	X
		Who can answer the question?	O
approach	~에 접근하다, 다가가다	The shadow approached ~~to~~ us little by little.	X
		The shadow approached us little by little.	O
call	~에게 전화하다	Will you call ~~to~~ me later?	X
		Will you call me later?	O
discuss	~에 대해 토론,논의 하다	We discussed ~~about~~ the problem for two hours.	X
		We discussed the problem for two hours.	O
enter	~에 들어가다, 입학, 입회하다	I wanted to enter ~~to~~ the university.	X
		I wanted to enter the university.	O
lack	~이 부족하다, 결핍되다	I think you lack ~~of~~ talent.	X
		I think you lack talent.	O
marry	~와 결혼하다	She married ~~with~~ his husband in 2019.	X
		She married his husband in 2019.	O
obey	~에 복종하다, 따르다	Most people obey ~~to~~ the law.	X
		Most people obey the law.	O
reach	~에 도달, 도착하다, 닿다	How many people have reached ~~to~~ the top?	X
		How many people have reached the top?	O
resemble	~와 닮다, 비슷하다	You resemble ~~with~~ your mother a lot.	X
		You resemble your mother a lot.	O
survive	~보다 오래 살다, ~에서 살아남다	How could they survive ~~in~~ the war?	X
		How could they survive the war?	O

4. 비교급, 최상급에 필요한 전치사

한국어는 '~더, ~덜, ~가장'을 형용사나 부사 앞에 붙여 **비교급**과 **최상급**을 표현하지요.

영어는 '~er, ~est' 또는 'more, less, most'를 사용하여 비교급(더, 덜)과 최상급(가장)을 표현합니다.

또, 한국어는 '~만큼, ~처럼, ~같이, ~보다, ~중에, ~안에서'같은 **부사격조사**로 비교 대상을 나타내지요.

영어는 'as ~ as, than ~, of ~, among ~, in ~'같은 **전치사**로 비교 대상을 나타냅니다.

~만큼, ~처럼, ~같이	as ~ as ~

비교급, 최상급의 전치사	
as ~ as ~	~만큼, ~처럼
than ~	~보다
of ~ / among ~	~중에서
in ~	~안(내)에서

as + 형용사, 부사 + as ~

그는 아버지만큼(처럼) 크다.	He is as **tall** as his father.
너만큼(처럼) 빨리 달린다.	I run as **fast** as you.
이것도 저것만큼 맛있어 보여.	It also looks as **delicious** as that.

~보다 더, ~중에(서) 가장	than ~, of ~, among ~ , in ~

형용사, 부사 ~er, ~est

그는 아버지보다 (더) 크다.	He is **taller than** his father.
그는 그들 중에서 가장 크다.	He is **the tallest of** / among them.
그는 그의 반에서 가장 크다.	He is **the tallest in** his class.
그는 나보다 (더) 무거워.	He is **heavier than** me.
그는 우리들 중에서 제일 ~	He is **the heaviest of** / among us.
그는 세상에서 제일 무거워.	He is **the heaviest in** the world.
넌 더 / 가장 빠르게 뛸 수 있어.	You can run **faster** / **fastest**.

more / less, most + 형용사, 부사

이게 돈보다 (더) 중요하다.	It is more **important** than money.
이게 건강보다 덜 중요하다.	It is less **important** than health.
이게 인생에서 가장 중요해.	It is **the most important in** life.
더 주의해서 읽어.	Read it more **carefully**.
지금보다 **더 많은** 책을 읽어.	Read **more** books than now.
평소보다 물을 **더 많이** 마셔.	Drink **more** water than usual.
넌 **더** / **덜** 자야 해.	You have to sleep **more** / **less**.
누가 **가장 많이** 먹었어?	Who ate **the most**?
무엇을 가장 원하냐?	What do you want **the most**?

[형용사와 부사의 비교급과 최상급]

접미어가 없는 형용사와 부사는 '~er, ~est'를 붙여 비교와 최상을 표현합니다. 즉, '~er, ~est'가 한국어의 '~더, ~가장'에 해당하는 것이지요.

원급	비교급(더)	최상급(가장)
old	older	oldest
large	larger	largest
easy	easier	easiest
big	bigger	biggest

하지만 형용사형 접미어(~ive, ~ant, ~ent, ~ful, ~less, ~ic, ~al, ~ous, ~ble, ~ed, ~ing, 등)와 부사형 접미어(~ly)로 끝나는 형용사와 부사는 '~er, ~est'을 붙이지 않고 반드시 'more, less, most'를 사용해야 합니다.

beautiful	more beautiful	most beautiful
expensive	more expensive	most expensive
tired	more tired	most tired
boring	more boring	most boring
slowly	more slowly	most slowly

또 비교급과 최상급이 따로 있는 경우도 있습니다.

many, much	more	most
little	less	least
few	fewer	fewest
good, well	better	best
bad, ill	worse	worst

보충 tag

우리 말에 '~할수록 더욱더'라는 표현이 있습니다. 이 표현 역시 비교에 속하지요. 영어는 'the 비교급 ~ , the 비교급 ~'을 사용합니다. 주의할 점은 항상 'the 비교급'을 주어 앞에 써 주어야 한다는 것입니다.

네가 나이가 들수록, 더 행복해질 거야.	The older you get, the happier you will be.
꽃이 더 아름다울수록, 더 빨리 시든다.	The more beautiful the flower is, the faster it fades.
더 가질수록, 더욱더 많이 원하지.	The more you get, the more you want.
이빨이 더 많을수록, 더 존경받게 된다.	The more teeth you have, the more respects you get.

영어의 일부 동사들은 한국어로 해석하면 목적어(~을,를)를 가질 수 있는 듯이 보이지만 목적어를 가질 수 없는 자동사인 경우가 있습니다.

이런 동사들은 전치사와 결합하여 목적어를 가질 수 있습니다.

즉, **전치사의 목적어를 동사 자신의 목적어처럼 사용**하는 것이지요.

넌 기다리고 있었어.	I was **wait**ing **for** you.	(O)
	I was **wait**ing you.	(X)
난 늘 널 생각해.	I always **think of** you.	(O)
	I always **think** you.	(X)
나를 쳐다보지 마라.	Don't **look at** me.	(O)
	Don't **look** me.	(X)
난 그녀의 말을 듣지 않았다.	I didn't **listen to** her.	(O)
	I didn't **listen** her.	(X)
나에게 신경 쓰지 마라.	Don't **care about** me.	(O)
	Don't **care** me.	(X)

자동사 + 전치사	
care about ~	~를 신경 쓰다, ~에 관심 있다
care for ~	~을 좋아하다 / ~을 돌보다
think of ~	~을 생각하다 / 생각 나다
dream of ~	~를 꿈꾸다, 상상하다
deal with ~	~을 다루다, 처리, 대하다
depend on ~	~을 의지하다, ~에 달려있다
insist on ~	~을 주장, 고집하다
listen to ~	~를 듣다, 귀 기울이다
look for ~	~을 (어디 있는지) 찾다
look at ~	~을 (바라,쳐다)보다
laugh at ~	~을 비웃다, ~을 보고 웃다
succeed in ~	~에 성공하다
worry about ~	~을 걱정, 염려하다
wait for ~	~을 기다리다

☆ 전치사는 항상 목적어를 가집니다. 이런 특징 때문에 목적어가 필요한 자동사 또는 형용사는 전치사의 힘을 빌리는 경우가 많습니다.

전치사가 자동사 또는 형용사와 함께 쓰일 때 우리가 알고 있는 전치사의 의미가 그대로 사용되는 경우라면 따로 공부해 둘 필요는 없습니다.

하지만 우리가 알고 있는 전치사의 의미와 다른 전치사를 사용하는 경우는 자주 사용하여 익숙하게 해 둘 필요가 있는 것이지요.

형용사는 동사가 아닙니다. 따라서 형용사는 목적어를 가질 수 없지요.
하지만 'be + 형용사'의 의미가 목적어를 필요로 하는 경우가 있습니다.
이런 경우 **형용사**가 목적어를 가질 수 있게 해 주는 품사 역시 전치사입니다.

뱀을 무서워하는 것 같구나.	You look **afraid of** snakes.	(O)
	You look **afraid** snakes.	(X)
그는 부모님을 자랑스러워해.	He is **proud of** his parents.	(O)
	He is **proud** his parents.	(X)
그는 축구를 잘한다.	He is very **good at** soccer.	(O)
	He is very **good** soccer.	(X)
나는 음악에 관심 있었어.	I was **interested in** music.	(O)
	I was **interested** music.	(X)
이건 긴 꼬리로(때문에) 유명해.	It is **famous for** its long tail.	(O)
	It is **famous** its long tail.	(X)

형용사 + 전치사	
be afraid of ~	~을 무서워, 두려워하다
be ashamed of ~	~이 부끄럽다, 창피하다
be proud of ~	~이 자랑스럽다
be tired of ~	~에 지치다, 질리다, 지겹다
be sure of ~	~을 확신하다, 확실히 알다
be made of ~	~로 만들어지다
be full of ~	~로 가득하다
be good at ~	~에 능숙하다, 잘하다
be poor at ~	~에 서툴다, 잘 못하다
be interested in ~	~에 관심 있다
be famous for ~	~로 유명하다
be different from ~	~와 다르다
be absent from ~	~에 결석하다
be satisfied with ~	~에 만족하다
be disappointed with	~에 실망하다

전치사(preposition)가 어떤 기능을 하기 위해서는 반드시 **목적어**(Object of preposition: Op)가 필요하고 **명사 시리즈**가 Op로 사용되겠지요.

하지만 명사 시리즈 중 부정사 만은 Op로 사용되지 않습니다.

(부정사의 'to'는 전치사에서 빌려온 것이기 때문에 전치사 뒤에 쓰면 어색합니다.)

즉, 명사, 명사구, 명사절, 동명사가 Op로 사용됩니다. 여기서는 특히 동명사와 명사절을 Op로 사용해 보도록 하겠습니다.

~하는 것, ~기, ~함 + 부사격조사	전치사 + 동명사, 명사절	전치사의 목적어
수영함으로써(수영해서) 살을 뺄 수 있어.	You can lose weight **by swimm**ing.	전치사+동명사
오늘 외출하는 것은(에 대해) 생각도 마라.	Don't even think of / **about going out today**.	전치사+동명사구
그는 **아무것도 말**하지 않고 떠났다.	He left **without saying anything**.	전치사+동명사구
난 **감정 표현을 잘 못해.**	I am not good **at expressing my feelings**.	전치사+동명사구
늦어서 미안했다.	I was sorry **for being late**.	전치사+동명사구
친구를 고를 때 주의해라.	Be careful **in choosing your friends**. '**that**'절 앞의 전치사는 생략	전치사+동명사구
그는 **읽을 수 없는 것**이 부끄러웠다.	He was ashamed of **not being able to read**.	전치사+동명사구
나는 **네가 내 친구라는 것**이 자랑스럽다.	I am proud of **that you are my friend**. (X)	~~전치사~~+명사절
나는 **네가 내 친구라는 것**이 자랑스럽다.	I am proud **that you are my friend**. (O)	~~전치사~~+명사절
우리가 가야 할지에 대해서 이야기해보자.	Let's talk about **whether we should go**.	전치사+명사절
무엇을 해야 할지에 대해 생각해보자.	Let's think about **what to do**.	전치사+명사절

☆ 동사는 반드시 **동명사(~ing)**의 형태로 바꾸어 Op로 사용합니다.
다음의 표현들은 꼭 익혀두세요. 아주 유용합니다.

by	**~ing**	~함으로써, ~해서, ~에 의해
without	**~ing**	~하지 않고, ~하는 것 없이
instead of	**~ing**	~하는 대신, ~하지 말고
for	**~ing**	~하기에(위해), ~한 것 때문에(대해)
in	**~ing**	~하는데 (있어서), ~할 때

☆ **명사절**을 Op로 사용할 때는 두 가지를 주의해야 합니다.

1. 'that'절 앞의 전치사는 생략한다.

2. 'if' 대신 'whether'을 사용한다.

I think of (**that**) he is a good person.　　　(전치사 생략)

I was sure of (**that**) she would come.　　　(전치사 생략)

Don't worry **about** (~~if~~ / **whether**) they will come.

That depends **on** (~~if~~ / **whether**) you can do it or not.

보충 tag

동사는 타동사만 동사의 목적어가 필요합니다.
하지만 전치사는 반드시 목적어가 필요하고, 또 문장 속에는 동사의 숫자 보다 전치사의 숫자가 훨씬 많습니다.
따라서 전치사의 목적어를 능숙하게 사용하는 능력은 아주 중요합니다.
그러기 위해서는 전치사 뒤에 따라오는 명사, 명사구, 명사절, 동명사를 잘 활용할 수 있어야 하겠지요.

☆ **명사 시리즈** 중 부정사를 제외한 **명사, 명사구, 명사절, 동명사**가 **전치사의 목적어(Op)**로 사용될 수 있습니다.

문장성분	품사	구	절	준동사
주어	**명사**	**명사구**	**명사절**	**동명사** ~~부정사~~
동사	동사			
전치사의 목적어	형용사			
보어	부사			

MAP

영어는 문장에 접속사를 붙여 절(clause)를 만듭니다. 이미 명사절에서 공부했었지요.

이제 부사절 접속사를 사용해 **문장**(sentence)을 **부사절**(adverb-clause)로 바꾸는 방법을 익혀 보도록 하겠습니다.

부사절(adverb-clause)이란 기능은 부사와 같고 형태는 절(clause)이라는 뜻이지요.

한국어는 **종결어미**(~다)를 부사형 어미(~때, ~하기 때문에, 등)로 바꾸어 부사절로 만들고, 영어는 부사절 접속사를 사용합니다. 따라서 우리는 **한국어의 부사형 어미에 알맞은 부사절 접속사**만 잘 익혀 두면 쉽게 부사절을 활용할 수 있게 되는 것이지요.

한국어(종결어미 변화)	영어(접속사 변화)	
나는 그 영화를 **봤다.**	**I saw the movie.**	문장
어미 변화	[접속사+문장]	부사절
내가 그 영화를 봤을 때(볼 때)	**when** I saw the movie	
내가 그 영화를 보면서(볼 때)	**as** I saw the movie	
그 영화를 보는 동안(볼 때)	**while** I saw the movie	
내가 그 영화를 볼 때 마다	**whenever** I saw the ~	
내가 그 영화를 보자마자	**as soon as** I saw the ~	시간
내가 그 영화를 본 후(에)	**after** I saw the movie	
내가 그 영화를 보기 전(에)	**before** I saw the movie	
내가 그 영화를 볼 때까지	**until** I saw the movie	
내가 그 영화를 본 이래로	**since** I saw the movie	
(일단) 내가 그 영화를 보면	**once** I saw the movie	
그 영화를 봤기 때문에(으니까)	**because / as, since** I ~	이유
그 영화를 본 것처럼(대로)	**as** I saw the movie	방식
(비록) 내가 그 영화를 봤지만	**although / though** I ~	양보
내가 그 영화를 본 반면(에)	**while** I saw the movie	대조
내가 그 영화를 본 곳에(서)	**where** I saw the movie	장소
네가 그 영화를 본다면(보면)	**if** you see the movie	조건

부사절 접속사	
when	~할 때, ~하면
as	~하면서, ~채로, 할 수록
while	~하는 동안, 하다가
whenever	~할 때 마다, 언제든
as soon as	~하자 (마자)
after	~한 후(뒤)에, ~하고 나서
before	~하기 전에
until	~할 때까지
since	~한 때(후)부터, 이래로
once	일단 ~하면
because, as, since	~니까, 해서, ~기 때문에
as	~한 대로, 처럼, 듯이
although though	(비록) ~지만, ~에도 불구하고
while	~하는 반면
while	~하는 반면
where	~하는 곳에
wherever	~하는 곳 마다, 어디든
while	~하는 반면
where	~하는 곳에
wherever	~하는 곳 마다, 어디든
if	~하면, 한다면

내가 영화를 보려고(보기 위해)	**so that** I can see the ~	**목적**
내가 영화를 볼 수 있을 정도로	**so** free (**that**) I can see ~	**정도**
너무 한가해서 영화를 봤다.	**so** free (**that**) I saw the ~	**결과**

so that	~하게, 하도록, 하려고
so ~ that	~할 정도로(만큼)
so ~ that	아주(너무) ~해서 ~하다

'when, as, while' 은 모두 '~할 때'의 의미로 두 가지 일이 동시에 일어남을 표현할 수 있습니다. 다만 의미가 조금씩 다르기 때문에 흔히 '~할 때(when), ~하면서, 한 채로(as), ~하는 동안(while)'으로 구분해 사용하는 것이 좋습니다.

When/As/While I was there, I was happy.	내가 거기 있을 때, 난 행복했어.
When I was five, we lived there.	내가 다섯 살 일 때, 우린 거기 살았어.
While I was studying, you were watching TV.	내가 공부하고 있는 동안, 넌 TV를 보고 있었어.
My mom was sleeping, **as** she wore glasses.	엄마는 안경을 끼고(낀 채로) 자고 있었다.

'becasue, as, since' 모두 이유를 표현합니다. 하지만 'as, since'는 이미 알고 있거나 상식적인 이유를 표현할 때 주로 사용하고, 'because'는 새롭거나 중요한 이유를 표현할 때 사용합니다.

Because I have lost the money, I can't go.	내가 돈을 잃어버려서, 난 갈 수 없어.	(상대가 **몰랐던 이유**)
I will stay home as I have no money.	난 내가 돈이 없으니까 집에 있을게요.	(상대가 **알고 있는 이유**)

'if'절은 '내가 너라면, 토끼 머리에 뿔이 나면'처럼 **사실이 아닌** 또는 **불가능한 일**을 표현해야 할 경우가 있습니다.
이때 'if'절의 동사는 불가능한 일임을 표시하기 위해 현재 대신 과거시제를 사용합니다. 물론 동사의 의미는 현재입니다.
그러면 'if'절의 동사가 가능한 과거의 일을 표현하는 경우와 같아 과거의 일인지 헷갈릴 수 있겠지요.
그래서 'if'절이 '사실이 아닌 현재임'을 표시하려고 문장의 동사(~다) 앞에 'would, could'로 표시해 줍니다.
즉, 'would, could'는 'if'절이 사실이 아니거나 사실일 수 없는 어떤 상황을 가정하고 있다는 것을 표시해 주는 장치인 셈이지요.

If he **comes**, I will be happy.	그가 온다면, 난 기쁠 거야.	(가능성 있는 **현재**)
If he **came**, I will not go there.	그가 왔다면, 난 거기 가지 않겠어.	(가능성 있는 **과거**)
If he came, I would be happy.	그가 **오면**(올 가능성이 없다.), 난 기쁠 거야.	(가능성 없는 **현재** : would)
If I had wings, I **would** / **could** fly away.	내가 날개가 있다면, 난 날아가 버릴 거야.	(가능성 없는 **현재** : would, could)
If I was / were a bird, I could fly away.	내가 새라면, 난 날아가 버릴 수 있을 텐데.	(가능성 없는 **현재** : could)

⤷ 'if'절이 사실이 아닌 이야기인 경우 'be 동사'는 주어와 상관 없이 'were'을 사용할 수 있습니다.

4 분사구 : 부사절을 간단하게

한국어는 **부사절의 주어가 문장의 주어와** 같을 때 생략해 주는 것이 자연스럽습니다. 하지만 영어는 절의 주어를 생략하려면 **절의 동사를 준동사의** 형태로 바꾸어주어야 합니다. 이 때 대부분의 부사절은 절의 동사를 현재분사(~ing)로 바꾸어 줍니다. [~~그는~~ 그렇게 말한 후, **그는** 웃었다. = 그렇게 말한 후, 그는 웃었다.]

[After ~~he said~~ so, **he** laughed. = After **saying** so, **he** laughed.]

그리고 대부분의 부사절 접속사는 그대로 남겨두어 의미를 분명히 해 주는 것이 좋습니다.

[After **saying** so, **he** laughed]

☆ 하지만 동시(~하면서, ~한 채로)와 이유(~해서, ~니까)의 접속사인 '**as, because, since**'는 반드시 생략합니다.
그리고 부사절의 동사가 '**be 동사**'인 경우 현재분사로 바뀐 '**being**'은 생략할 수 있습니다.

[**As ~~I was~~** too tired, **I** didn't go. = ~~Being~~ too tired, **I** didn't go. = **Too tired, I** didn't go.]

동시 [접속사 생략 ~ing]	~하면서, ~한 채로, ~한 상태로	
우린 우리가 TV를 보면서 라면을 먹었다.	**As** <u>we</u> <u>watched</u> **TV**, we ate ramen.	부사절
우린 TV를 보면서 라면을 먹었다.	**Watching TV**, we ate ramen.	분사구
형은 그가 안경을 쓴 채 잠이 들었다.	My brother fell asleep **as** <u>he</u> <u>wore</u> **his glasses.**	부사절
형은 안경을 쓴 채 잠이 들었다.	My brother fell asleep, **Wearing his glasses.**	분사구
☆ 'be 동사'가 변한 'Being'은 생략할 수 있습니다.		
순이는 그녀가 밝게 웃으며 들어왔다.	Sooni came in **as** she was smiling brightly.	부사절
순이는 밝게 웃으며 들어왔다.	Sooni came in **(Being) smiling brightly.**	분사구
내가 만족한 채 난 집으로 돌아왔다.	**As I was satisfied,** I came back home.	부사절
만족한 채 난 집으로 돌아왔다.	**(Being) satisfied,** I came back home.	분사구

이유 [접속사 생략 ~ing]	~해서, ~니까, ~하기 때문에	
내가 돈이 없어서, 가지 않았지.	**Because** I had no money, I didn't go.	부사절
돈이 없어서, 가지 않았지.	**Having no money,** I didn't go.	분사구
철수가 거기 살았으니까, 철수는 그를 알 거야.	**As he has lived there,** Chulsu may know him.	부사절
거기 살았으니까, 철수는 그를 알 거야.	**Having lived there,** Chulsu may know him.	분사구
내가 돈이 없어서, 가지 않았지.	**Because** I had no money, I didn't go.	부사절
돈이 없어서, 가지 않았지.	**Having no money,** I didn't go.	분사구
철수가 거기 살았으니까, 철수는 그를 알 거야.	**As he has lived there,** Chulsu may know him.	부사절
거기 살았으니까, 철수는 그를 알 거야.	**Having lived there,** Chulsu may know him.	분사구

☆ **'NOT'**은 **분사 앞에 남겨 둡니다.**

난 네 번호를 몰라서, 이걸 못 보냈어.	As **I didn't know your number**, I couldn't send it.	부사절
네 번호를 몰라서, 이걸 못 보냈어.	**Not knowing your number**, I couldn't send it.	분사구

'동시, 이유'를 제외한 다른 **부사절을 분사구로 간단히 할 때 접속사는 남겨두는 것이 좋습니다.**
물론 접속사가 없어도 분사구의 의미가 분명한 경우에는 생략할 수도 있습니다.

기타 [**접속사** + ~ing]	~할 때, ~하다가, ~한 후, ~하기 전에, ~라면	
네가 사용하지 않을 때는, 컴퓨터를 꺼.	Turn off the computer when **you don't use it**.	부사절
사용하지 않을 때는, 컴퓨터를 꺼.	Turn off the computer when **not using it**.	접속사 + **분사구**
그는 그가 농구하다가 발목을 삐었다.	He twisted ankle while **he played basketball**.	부사절
그는 농구하다가 발목을 삐었다.	He twisted ankle while **playing basketball**.	접속사 + **분사구**
난 내가 그걸 본 후에/전에 결정하겠어.	I will decide after/before **I watch it**.	부사절
난 그걸 본 후에/전에 결정하겠어.	I will decide after/before **watching it**.	접속사 + **분사구**
그가 피곤했지만, 그는 다시 일어섰다.	Although **he was tired**, he stood up again.	부사절
피곤했지만, 그는 다시 일어섰다.	Although **(being) tired**, he stood up again.	접속사 + **분사구**
그것이 가능하다면, 더 일찍 오세요.	If **it is possible**, come earlier.	부사절
가능하다면, 더 일찍 오세요.	If **(being) possible**, come earlier.	접속사 + **분사구**
☆ **'~하자 (마자)'**를 표현하는 'As soon as ~'는 'On, Upon ~ing'형태로 간단히 합니다.		
내가 이름을 듣자마자, 난 손을 들었다.	**As soon as I heard my name**, I raised my hand.	~하자 마자
이름을 듣자마자, 난 손을 들었다.	**On/Upon hearing my name**, I raised my hand.	On/Upon ~ing

☆ 시간, 이유, 조건, 양보의 부사절은 주어를 생략할 수 있다면 부사절의 동사를 분사구(~ing)로 바꾸어 간단히 할 수 있습니다.
(명사절은 동명사와 부정사로 바꾸었지요.) 단, 부사절을 분사구로 간단히 할 때 '동시, 이유'의 접속사는 반드시 생략합니다.
이렇게 해서 부사, 부사구, 부사절에 더해서 분사구가 **부사 시리즈**(adverb-series)에 포함되었습니다.

문장성분		품사	구	절	준동사	
주어		명사	명사구	명사절	동명사	부정사
동사		동사				
목적어		형용사				
보어		부사	부사구	부사절	┈┈┈┈► 분사구	

물론 **절의 주어가 문장의 주어와 달라서 생략할 수 없다면** 부사절로 표현 해야 하겠지요.
- **The dog sat beside her while she was reading a book.** (절의 주어는 그녀, 문장 주어는 개)
- **The dog sat beside her while reading a book. (X)** (절의 주어를 생략하면, 개가 책을 읽게 됩니다.)

영어의 부사절 접속사에 'that'이 사용되는 부사절은 **목적**(so that)과 **정도**, **결과**(so ~ that)가 있었지요.
이 두 가지 부사절들은 주어를 생략하고 간단하게 표현할 경우 절의 동사를 부정사구(**to** ~)의 형태로 바꾸어 줍니다.
즉, 부정사가 부사로 사용될 경우 목적과 정도(결과)를 표현합니다.

목적 [to~, in order to ~]	~하려고, ~하러, ~하기 위해, ~하려면	
나는 내가 물을 마시려고 냉장고를 열었다.	I opened the refrigerator so that **I would drink water**.	부사절
나는 물을 마시려고 냉장고를 열었다.	I opened the refrigerator **to drink** water.	부정사구
포뇨는 그녀가 나를 만나기 위해 돌아왔다.	Ponyo came back so that **she could meet me**.	부사절
포뇨는 나를 만나기 위해 돌아왔다.	Ponyo came back **in order to meet** me.	부정사구
우리는 우리가 행복하려면 욕심을 버려야 해.	We should give up greed so that **we can be happy**.	부사절
우리는 행복하려면 욕심을 버려야 해.	We should give up greed **in order to be happy**.	부정사구
■ '~하지 않으려고'는 'in order not to~'로 표현하는 것이 좋습니다.		
난 내가 거기 가지 않으려고 아픈 척했지.	I pretended to be sick so that **I would not go there**.	부사절
난 거기 가지 않으려고 아픈 척했지.	I pretended to be sick **in order not to go** there.	부정사구

정도, 결과 [too ~ to ~]	~하기에는 너무, ~너무 ~해서 ~못하다.	
난 내가 너와 놀아줄 수 없을 만큼 너무 바빴어.	I was **so busy that I** could **not play** with you.	부사절
난 너와 놀아주기에는 너무 바빴어.	I was **too busy to play** with you.	부정사구
넌 네가 너무 어려서 이 영화를 볼 수 없다.	You are **so young that you** can't see this movie.	부사절
넌 너무 어려서 이 영화를 볼 수 없다.	You are **too young to see** this movie.	부정사구

정도, 결과 [enough to ~]	~할 정도로(만큼) 충분히, 충분히 ~해서 ~할 수 있다.	
난 내가 이 영화를 볼 만큼 나이가 들었어.	I am **so old that I** can see this movie.	부사절
난 이 영화를 볼 만큼(충분히) 나이가 들었어.	I am old **enough to see** this movie.	부정사구
그는 그가 일출을 볼 수 있을 정도로 일찍 일어났다.	He got up **so early that** he could see the sunrise.	부사절
그는 일출을 볼 수 있을 정도로 충분히 일찍~.	He got up early **enough to see** the sunrise.	부정사구

부정사는 감정을 표현하는 형용사 뒤에서 감정의 원인을 표현하는 데 사용될 수 있습니다.

감정의 원인 [감정 형용사 + to ~]	~해서, ~하고, ~하면 (좋다, 기쁘다, 슬프다, 놀라다, 유감이다, 등)

널 다시 봐서(볼 수 있어서) 행복해 / 반갑다 / 기쁘다.	I am **happy / glad / pleased to** see you again.
그 소식을 듣고(들어서) 슬프다 / 속상하다 / 유감이다.	I am **sad / upset / sorry to** hear that.
그 소식을 듣고(들어서) 놀랐다 / 충격받았다.	I was **surprised / shocked to** hear that.
그 소식을 듣고(들어서) 신났다.(흥분했다)	I was **excited to** hear that.
그 소식을 듣고(들어서) 감동받았다.	I was **impressed / touched to** hear that.
그 소식을 듣고(들어서) 안심이 되었다.	I was **relieved to** hear that.
살아있어서 다행이다.(행운이다)	I am **lucky to** be alive.
이런 일을 해서 부끄럽다 / 자랑스럽다.	I was **ashamed / proud to** do such a thing.
그 소식을 듣고(들어서) 실망했다.	I was **disappointed to** hear that.

☆ 시간, 이유, 조건, 양보를 표현하는 부사절은 분사구(~ing)의 형태로 간단히 표현할 수 있었습니다.
그리고 'so that, so~that' 즉, 목적과 정도, 결과의 부사절은 부정사(to ~)의 형태로 간단히 표현할 수 있습니다.
그래서 부사, 부사구, 부사절, 분사와 함께 부정사도 부사 시리즈(adverb-series)에 포함됩니다.
즉, [부사, 부사구, 부사절, 부정사, 분사]는 서로 형태는 다르지만 부사의 기능을 담당하는 부사 시리즈인 것이지요.

MAP

문장성분		품사	구	절		준동사	
주어		명사	명사구	명사절	동명사	부정사	
동사		동사					
목적어		형용사					
보어		부사	부사구	부사절		부정사	분사

as, because, since [S+V] ·············▶ ~ing
when, after, before, while, if, although ·············▶ 접속사 + ~ing
[S+V]
so that [S+V] ········▶ **to ~, in order to ~**
so ~ that [S+V] ········▶ **too ~ to ~, enough to ~**

부사로 사용되는 부정사는 의미상 주어(for+목적격)을 가질 수 있습니다.
[48 page] 보충 tag 에서 명사절(that 절)을 부정사구로 바꾸어 사용할 때 보았었지요.
즉, 부사절의 주어를 생략할 수 없는 경우 [for + 목적격 + 부정사] 형태로 표현할 수 있다는 뜻입니다.

네가 들어올 수 있게, 문을 열어두었지.	I left the door open, so that you could come in.
	I left the door open for you to come in.
	I left the door open in order for you to come in.
네 계획이 성공하려면, 그들이 필요해.	You need them so that your plan can be successful.
	In order for your plan to be successful, you need them.
방은 우리가 함께 쓰기에 충분히 컸다.	The room was so big that we could share.
	The room was big enough for us to share.
우리 아기가 자기에는 방이 너무 춥다.	The room is so cold that my baby can't sleep here.
	The room is too cold for my baby to sleep here.

준동사 중에서 부정사구는 유일하게 '명사, 부사, 형용사'로 사용될 수 있습니다. [형용사로 사용되는 부정사 – 116 page]
그리고 모든 경우 부정사의 의미상 주어(for+목적격)를 사용할 수 있습니다.

문장성분	품사	구	절		준동사	
주어	명사	명사구	명사절	동명사	부정사	
동사	동사					
목적어	형용사	형용사구	형용사절		부정사	분사구
보어	부사	부사구	부사절		부정사	분사구

부사 시리즈 정리

부사는 명사를 제외한 동사, 형용사, 부사를 수식하여 **'언제, 어디서, 왜, 어떻게, 얼마나, 등'**의 의미를 표현합니다.
그리고 이런 부사의 기능은 **부사 시리즈(부사, 부사구, 부사절, 부정사, 분사)**가 함께 담당하지요.
우리는 필요에 따라 적절한 부사 시리즈를 선택해 사용하면 되는 것입니다.

부사(adverb)는 단어의 형태입니다. 하지만 **'this, last, next, every, each, one ago, later'** 등이 시간명사와 함께 사용될 수 있었지요.
부사구(adverb-phrase)는 한국어의 부사격조사에 해당하는 **전치사**가 **전치사의 목적어**와 결합한 형태입니다. 부사구를 사용하면 부사 만으로는 표현하기 힘든 구체적인 부분까지 묘사할 수 있습니다. 부사구 표현에서 중요한 점은 **전치사의 목적어**로 **명사, 명사구**뿐만 아니라 **명사절, 동명사**도 사용될 수 있다는 점이었습니다.
부사절(adverb-clause)은 한국어의 부사형 어미(~할 때, 하기 전에, 등)에 맞는 **부사절 접속사**만 알고 있으면 어렵지 않게 활용할 수 있지요.
부정사(infinitive phrase)는 **목적과 정도(결과)를 표현하는 부사절**(so that~, so ~ that~)을 간단히 표현한 형태입니다.
분사구(participial phrase)는 **시간, 이유, 조건, 양보의 부사절**을 간단히 표현한 형태입니다.
이때 **'동시, 이유'의 접속사는 반드시 생략**한다는 점이 중요하지요.

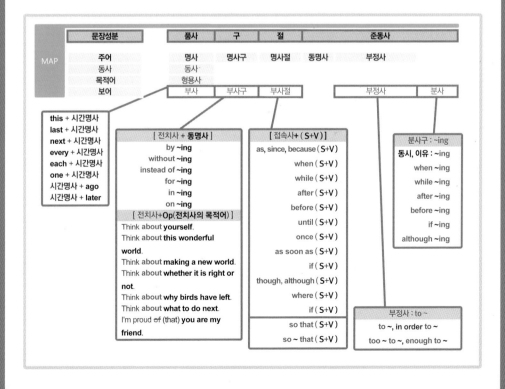

Chapter

3

수동태 문장, 4,5형식 문장

	능동	수동
이 집은 오래전에 **지어졌어요.**	짓다	지어 지다
너무 많은 물이 **낭비됩니다.**	낭비하다	낭비되다
그의 시는 여전히 **읽힙니다.**	읽다	읽히다.
넌 **칭찬받을 거야.**	칭찬하다	칭찬 받다
난 선생님께 **야단 맞고 있었어.**	야단치다	야단 맞다

옆의 문장들은 지금까지의 문장들과 뭔가 다릅니다.

뭐가 다를까요?

주어와 동사의 관계를 잘 보세요.

주어가 동작을 한 것이 아니라 동작을 당하고 있습니다.

이렇게 **주어가 동작을 하는 것이 아니라 당하는 문장**을 수동태(passive form)라고 부릅니다. 반대로 주어가 동작을 하는 문장은 능동태(active form)라고 부르지요.

수동태 문장은 한국어와 영어 모두 능동태만큼이나 흔하게 사용되는 문장 형태입니다.

따라서 **수동태는 왜, 언제 사용해야 하는 것일까?**라는 질문이 매우 중요합니다.

수동태를 사용하는 이유는 크게 두 가지가 있습니다.

1. **주어가 분명하지 않거나 당연하기 때문에 말할 필요가 없을 때** [능동태 주어를 생략하기 위해서 수동태 사용]
2. **주어나 목적어를** 강조하고 싶을 때 [주어는 'by ~(~에 의해, ~에게, ~한테, 등)'의 형태로 남겨두는 경우가 많음]

되다. 지다. (이)히다. 받다. 당하다.	be + 과거분사(PP)	능동	수동 [be + 과거분사]
이 집은 오래전에 **지어졌어요.**	This house **was built** a long time ago.	build	**be built**
너무 많은 물이 **낭비됩니다.**	Too much water **is wasted**.	waste	**be wasted**
그의 시는 여전히 **읽히고 있어.**	His poems are still **being read**.	read	**be read**
넌 **칭찬받을 거야.**	You will **be praised**.	praise	**be praised**
그 선생님께 **야단 맞은 적 있다.**	I have **been scolded** by the teacher.	scold	**be scolded**

한국어는 동사(~하다.)를 '~지다. ~되다. ~이/히다. 받다. 당하다. 입다. 등'으로 바꾸어 수동태를 표현합니다.

영어는 'be 동사'뒤에 '~된, ~진, 등'의 의미를 가진 과거분사(past participle: PP)를 붙여 수동태를 표현합니다.

영어의 수동태에 'be 동사'가 필요한 이유는 과거분사가 '~ㄴ'으로 끝나는 형용사에 속하기 때문이지요.

즉, 과거분사는 [be + 형용사]처럼 'be 동사'와 결합해야만 서술어(~다.)로 사용될 수 있는 것입니다.

능동태	현재 = 과거 = 과거분사	~신, 뛴, 이/힌	과거분사	수동태: ~지다. 되다. 이/히다. [be PP]	
만들다	make-made-made	만들어진	made	만들어지다	be made
연구하다	study-studied-studied	연구된	studied	연구되다	be studied
먹다	eat-ate-eaten	먹힌	eaten	먹히다	be eaten
놓다. 두다	put-put-put	놓인	put	놓이다	be put
용서하다	forgive-forgave-forgiven	용서받은	forgiven	용서받다	be forgiven

✧ 수동태는 능동태만큼이나 자주 사용되므로 시제와 의미를 자유롭게 표현할 수 있는 능력이 중요합니다.

수동태의 시제 표현 역시 능동태와 마찬가지로 현재와 과거를 제외하면 반드시 하나 이상의 조동사(형식, be, have)

가 사용되겠지요.

수동태의 시제표현		[be + 과거분사]
나무들이 심어진다. (심어져 있다.)	Trees **are** planted.	be PP
나무들이 심어졌다. (심어져 있었다.)	Trees **were** planted.	be PP
		형식조동사 + [be +과거분사]
나무들이 심어질 거다.	Trees will **be** planted.	will be PP
나무들이 심어질 수 있다.	Trees can **be** planted.	can be PP
나무들이 심어질 수도 있다.	Trees may **be** planted.	may be PP
나무들이 심어져야 한다.	Trees should/must **be** planted.	should be PP
나무들이 심어질 수 있었다.	Trees could **be** planted.	could be PP
나무들이 심어져야 했다.	Trees had to **be** planted.	had to be PP
		be + [**being** +과거분사]
나무들이 심어지고 있다.	Trees are being planted.	be being PP
나무들이 심어지고 있었다.	Trees were being planted.	be being PP
나무들이 심어지고 있을 것이다.	Trees will **be** being planted.	will be being PP
		have + [**been** +과거분사]
나무들이 심어졌었다.	Trees have **been** planted.	have been PP

◇ 수동태 문장 역시 조동사의 법칙에 따라 부정문과 의문문을 만들면 됩니다.

▌수동태의 부정문은 가장 앞에 있는 조동사 뒤에 'not'을 붙여 만들게 됩니다.

▌조동사를 주어 앞으로 보내면 의문문이 만들어 지겠지요.

수동태의 부정문과 의문문	
그건 철로 만들어지지 않았어.	It **is** not **made** of steel.
그건 철로 만들어지지 않을 거야.	It will **not** be made of steel.
그건 철로 만들어지고 있지 않아.	It is **not** being made of steel.
그건 철로 만들어지지 않았어.	It has **not** been made of steel.
그건 철로 만들어 지나요?	**Is** it **made** of steel?
그건 철로 만들어져야 하나요?	Should it **be made** of steel?

준동사의 수동태 : being PP, to be PP

준동사(verbal)는 동사가 변해서 만들어집니다. 따라서 동사가 수동태라면 준동사 역시 수동태가 되겠지요.
부정사의 수동태 형태는 **'to be pp'** 이고, **동명사**, **현재분사**의 수동태 형태는 **'being pp'** 입니다.

동명사와 부정사는 **주어, 명사보어, 동사의 목적어, 전치사의 목적어**로 사용되며, '**~하는 것, ~하기**'이 이미입니다.
따라서 수동태의 의미는 '**~되는 것, ~지는 것, ~이/히른 것, ~받는 것, ~되기, ~지기, 등**'이 되겠지요.

주어, 명사보어 [**to be pp, being pp**]	
왕따 당하는 것은 끔찍한 경험이야.	It is a terrible experience **to be bullied**.
그들에게 사랑받는 것이 내가 원하는 거야.	**Being loved by them** is what I want.
내가 원하는 것은 **그들에게 사랑받는 거야.**	What I want is **to be loved by them**.
내가 원하는 것은 **그들에게 사랑받는 거야.**	What I want is **being loved by them**.

주어 ← 동명사 부정사
명사보어

부정사가 주어인 경우 가
주어를 사용하는 것이 좋
습니다.

동사의 목적어 [**to be pp, being pp**]	
난 **다시 야단맞고** 싶지는 않아.	I don't want **to be scolded** again.
난 **반장으로 뽑히지** 못했어.	I failed **to be elected** as class president.
그는 **다친** 척했다.	He pretended **to be hurt**.
난 **어린애로 취급받는 걸** 좋아하지 않아.	I don't enjoy **being treated** as a child.
그는 어떻게 **잡히는 걸** 피할 수 있었을까?	How could he avoid **being caught**?
그들의 대화가 **기록되기** 시작했다.	Their talk began **to be / being recorded**.
누구나 **평가받는 걸** 싫어해.	Everyone hates **to be / being judged**.

동사의
목적어 ← 동명사 부정사

3형식 동사는 동명사를 목
적어로 사용하는 동사, 부
정사를 사용하는 동사, 둘
다 사용하는 동사로 나뉘
지요.

전치사의 목적어 [being pp]

전치사의 목적어 ← 동명사 ~~부정사~~

그는 **선택받지 못한 것**에 대해 불평했다.	He complained about **not being chosen**.
난 **야단맞는 게** 무서웠어.	I was afraid of **being scolded**.
이건 **구워짐으로써** 완성된다.	It is completed by **being baked**.
그는 **잡히지 않고** 도망칠 수 있었다.	He could run away without **being caught**.
난 **그런 식으로 취급받는데** 질렸어.	I am tired of **being treated like that**.

명사 시리즈 중에서 부정사는 전치사의 목적어로 사용하지 않지요. 그래서 전치사 뒤에는 동명사가 자주 등장하게 됩니다.

3 | 4형식 문장 : ~에게 ~을

3형식 동사들 중에는 목적어 뒤에 부사구인 '~에게(to~, for~)'가 자주 따라다니는 동사들이 있습니다.
영어는 이 동사들의 부사구^(~에게)에서 전치사 'to~, for~'의 목적어만 동사 뒤로 보낸 다음 간접목적어(Indirect Object
: IO)라고 부르고, 원래의 목적어는 **직접목적어(Direct Object : DO)**라고 불러 3형식 문장과 똑같은 의미를 표현할
수 있습니다. 목적어가 두 개인 새로운 문장 형태를 만든 것이지요. 이 새로운 문장 형태가 바로 4형식 문장입니다.

| 너에게^(부사구) 기회를 주지. | I will give a chance to you. | : 동사+목적어+부사구(~에게) | [3형식] |
| 너에게^{IO} 기회를^{DO} 주지. | I will give **you** a chance. | : 동사+간접목적어(~에게)+직접목적어 | [4형식] |

간접목적어^{IO}　직접목적어^{DO}

3형식	4형식(간접목적어)
Give the key **to** me.	Give **me** the key.
I told the truth **to** him.	I told **him** the truth.
Don't show this picture **to** them.	Don't show **them** this picture.
She cooked tteokbokki **for** us.	She cooked **us** tteokbokki.
Who will buy lunch **for** me?	Who will buy **me** lunch?
It saves time **for** us.	It saves **us** time.
I will sing a song **to / for** Sooni.	I will sing **Sooni** a song.
Read this book **to / for** the baby.	Read **the baby** this book.
He asked a question **of** me.	He asked **me** a question.

4형식 동사들은 3형식 문장일 때 '~에게'의 의미를 표현하는 전치사에 따라 구분하기도 합니다.

to ~ 만 사용	give, tell, show, teach, lend, hand, pass, throw
for ~ 만 사용	make, leave, cook, buy, save
to ~ 또는 for ~	bring, play, sing, read, send
of ~ 만 사용	ask

4형식 동사 : ~에게 ~을

주다	**give**
말하다, 말해 주다	**tell**
보여 주다	**show**
가르치다, 가르쳐 주다	**teach**
빌려 주다	**lend**
건네다, 건네주다	**hand**
전하다, 전해 주다	**pass**
던지다, 던져 주다	**throw**
만들어 주다	**make**
남기다, 남겨 주다	**leave**
요리해 주다	**cook**
사 주다	**buy**
남겨주다, 절약해 주다	**save**
가져다, 데려다주다	**bring**
연주해 주다	**play**
노래해 주다	**sing**
읽어 주다	**read**
보내다, 보내 주다	**send**
묻다. 요청, 부탁하다	**ask**

4형식 문장의 직접목적어 자리에는 명사절이 사용되는 경우가 많이 있습니다.
직접목적어가 명사절처럼 길 때는 3형식보다는 4형식으로 표현하는 것이 보기에도 좋기 때문이지요.

| 철수한테 나 못 간다고 말해줘. | Tell Chulsu that I cannot go there. | 4형식 (good) |
| | Tell that I cannot go there to Chulsu. | 3형식 (bad) |

[간접목적어 + 명사절]	
그는 그가 바쁠 거라고 내게 말했어.	He told **me that he would be busy**.
뭘 해야 하는지 내게 말해줘.	Tell **me what to do**.
그는 그가 올지 안 올지 우리한테 말해주지 않았어.	He did not tell **us if / whether he would come or not**.
누가 이 프로그램을 **어떻게** 쓰는지 네게 가르쳐 줬니?	Who taught **you how to use this program**?
그는 내가 알고 싶은 것을 내게 가르쳐 주지 않았다.	He did not teach **me what I wanted to know**.
이것은 문제가 **얼마나** 심각한지 우리에게 보여준다.	It shows **us how serious the problem is**.
네가 거기 꼭 가야 하는지 선생님께 여쭤봐.	Ask **your teacher if / whether you must go there**.
난 네가 갖고 싶은 것은 무엇이든 네게 줄 수 있어.	I can give **you whatever you want to have**.

한국어는 3형식과 4형식의 구분이 필요 없습니다. 즉 간접목적어(~에게)의 위치를 목적어(~을,를)의 앞 또는 뒤 어디에 두어도 상관없지요. [너에게 이 책을 주마.] = [이 책을 너에게 주마.]
♢ 하지만 영어는 3형식과 4형식이 엄격하게 구분됩니다. 따라서 '~에게'가 어디에 있건 필요에 따라 4형식 또는 3형식 문장을 표현할 수 있어야 하지요. 당분간은 4형식 문장의 간접목적어를 **IO** 로 표시해 두도록 하겠습니다.

내가 **네게**[IO] 힌트를 주겠다.	= 내가 힌트를 **네게**[IO] 주겠다.	I will give **you** a hint.	4형식
내가 네게 힌트를 주겠다.		I will give a hint to you.	3형식
넌 **내게**[IO] 진실을 말하지 않았어.	= 넌 진실을 **내게**[IO] 말하지 않았어.	You didn't tell **me** the truth.	4형식
넌 내게 진실을 말하지 않았어.		You didn't tell the truth to me.	3형식

4형식 문장은 동사를 쓴 후 반드시 간접목적어를 먼저 쓰고 직접목적어를 써야 한다는 것을 기억하세요.

경험은[1] 우리에게[IO3] 많은 것들을[4] 가르쳐 줍니다[2].
경험은[1] 많은 것들을[4] 우리에게[IO3] 가르쳐 줍니다[2].

Experiences[1] teach[2] **us**[3] many things[4].

4 4형식 문장의 수동태

4형식 동사의 일부, 특히 [give, tell, teach, ask]는 **간접목적어[IO]**를 주어로 하는 수동태 문장으로 표현할 수 있습니다. 간접목적어가 주어가 되면 '~가 ~를 받다. 듣다. 배우다. 질문 받다.'의 의미가 되겠지요.

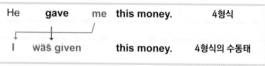

	수동태(간접목적어 주어)
They **gave me** nothing.	I **was given** nothing.
He **told me** (that) you betrayed me.	I **was told** (that) you betrayed me.
He **will teach you** a lot of things.	You **will be taught** a lot of things.
They **asked him** what to do next.	He **was asked** what to do next.

간접목적어가 주어인 수동태	
be **given** + DO	~을 받다
be **told** + DO	~을 듣다
be **taught** + DO	~을 배우다
be **asked** + DO	~을 질문 받다

직접목적어^{DO}가 주어인 수동태의 경우 4형식 문장이 아닌 3형식 문장을 수동태로 바꾸는 것이 일반적입니다. 그러니까 간접목적어에 해당하는 '~에게'는 'to~, for ~'의 형태로 남게 되는 것이지요.

그는	그 아이에게^{IO} 그 돈을^{DO}	줬다.
그는	그 아이에게 그 돈을	줬다.
그 돈은	그 아이에게	주어졌다.

He	gave	the kid	the money.	4형식
He	gave	the money to the kid.		3형식
The money	was given	to the kid.		3형식의 수동태

3형식	수동태
They will give **it** to the winner.	**It will be given** to the winner.
We will show **the picture** to you.	**The picture will be shown** to you.
What did he leave to you?	**What was left** to you?
He handed **it** to the police.	**It was handed** to the police.
They threw **me** to the lion.	**I was thrown** to the lion.
They sent **messages** to her.	**Messages were sent** to her.
They brought **me** to a PC room.	**I was brought** to a PC room.

직접목적어가 주어인 수동태	
be **shown** to ~	~에게 보이다, 공개되다
be **left** to ~	~에게 남겨, 맡겨지다
be **handed** to ~	~에게 건네, 주어지다
be **thrown** to ~	~에게 던져지다
be **sent** to ~	~에게 보내지다
be **brought** to ~	~에게 데려가, 보내지다

5형식 문장은 [주어 + 동사] 뒤에 [목적어^O + 목적격보어^{OC}]가 따라오는 문장입니다.

2형식 문장의 주격 보어는 주어의 상태를 표현했었지요.

5형식 문장의 목적격 보어는 목적어의 상태나 동작을 표현합니다.

5형식 문장을 활용할 때 가장 중요한 점은 목적격 보어(Objective Complement : OC)의 형태입니다.

왜냐하면, **5형식 동사는 목적격 보어의 형태에 따라 분류**해 두면 편리하기 때문이지요.

1	부정사를 보어로 사용하는 5형식 동사	S+V+**O**+ to~^{OC}

5형식 동사의 목적격보어는 기본적으로 부정사의 형태입니다.

목적어에게 어떤 동작을 요구하는 5형식 동사들은 목적어가 해야 할 행위를 [to+동사]로 표현하는 것이지요.

이 동사들은 반드시 부정사를 사용해야 하기 때문에 'to be'가 오더라도 'to be'를 생략하지 않습니다.

<table>
<tr><th colspan="4">[O에게, O가] [~하라고, ~하게] ~하다</th></tr>
<tr><th>주어</th><th>목적어</th><th>목적격보어</th><th>5형식 동사</th></tr>
<tr><td rowspan="5">그는</td><td>나한테</td><td>거기에 가라고</td><td>했다.</td></tr>
<tr><td>우리에게</td><td>널 도와주라고</td><td>부탁했다.</td></tr>
<tr><td>너희가</td><td>행복하길</td><td>원했다.</td></tr>
<tr><td>철수에게</td><td>웃지 말라고</td><td>경고했다.</td></tr>
<tr><td>학생들이</td><td>슬퍼하지 않기를</td><td>원했다.</td></tr>
</table>

<table>
<tr><th colspan="4">S+V + [O] + [to~]</th></tr>
<tr><th>주어</th><th>5형식 동사</th><th>목적어</th><th>목적격보어</th></tr>
<tr><td rowspan="5">He</td><td>told</td><td>**me**</td><td>to **go** there.</td></tr>
<tr><td>asked</td><td>**us**</td><td>to **help** you.</td></tr>
<tr><td>wanted</td><td>**you**</td><td>to **be** happy.</td></tr>
<tr><td>warned</td><td>**Chulsu**</td><td>**not** to **laugh**.</td></tr>
<tr><td>wanted</td><td>**the students**</td><td>**not** to **be** sad.</td></tr>
</table>

2	명사, 형용사, 분사를 보어로 사용하는 5형식 동사	S+V+**O**+ 명사^{OC}, 형용사^{OC}, 현재분사^{OC}, 과거분사^{OC}

목적격 보어를 부정사로 표현할 경우 부정사가 'to be'의 형태인 경우가 생기게 됩니다.

이때 'to be'를 생략하는 5형식 동사들이 있습니다.

'to be'가 생략되면 뒤에 남게 되는 [명사, 형용사, 현재분사, 과거분사]가 목적어의 보어 역할을 담당하는 것이지요.

<table>
<tr><th colspan="4">[O를, O가] [~로, ~라고, ~것을] ~하다</th></tr>
<tr><th>주어</th><th>목적어</th><th>목적격보어</th><th>5형식 동사</th></tr>
<tr><td rowspan="4">나는</td><td>그를</td><td>좋은 친구로</td><td>생각한다.</td></tr>
<tr><td>그것을</td><td>더 좋게</td><td>만들었다.</td></tr>
<tr><td>그녀가</td><td>혼자 울고 있는 것을</td><td>보았다.</td></tr>
<tr><td>문이</td><td>닫힌 것을</td><td>발견했다.</td></tr>
</table>

<table>
<tr><th colspan="4">S+V + [O] + [명사, 형용사, 현재분사, 과거분사]</th></tr>
<tr><th>주어</th><th>5형식 동사</th><th>목적어</th><th>목적격보어 : (to be)생략</th></tr>
<tr><td rowspan="4">I</td><td>think</td><td>**him**</td><td>a good friend.</td></tr>
<tr><td>made</td><td>**it**</td><td>better.</td></tr>
<tr><td>saw</td><td>**her**</td><td>crying **alone**.</td></tr>
<tr><td>found</td><td>**the door**</td><td>closed.</td></tr>
</table>

5형식 동사의 종류

1   O + to~

tell	말하다. 시키다
ask	요청, 부탁하다
invite	요구, 요청하다
need	요구, 요청하다
require	(법, 규칙에 따라) 요구, 명하다
beg	간청, 애원하다, 빌다
advise	충고하다
persuade	설득하다
encourage	격려, 권장, 용기를 주다
teach	가르치다
expect	기대, 예상하다
warn	경고하다
push	몰아붙이다, 다그치다
order	명령, 지시하다, 시키다
command	명령, 지시하다
force	강요하다
allow	허락, 허용하다
forbid	금지하다
enable	할 수 있게 해 주다
want	원하다, 바라다
cause	~하게 하다, 시키다
get	~하게 하다, 시키다

2   O + 명사, 형용사, 분사

think	생각하다
consider	여기다
find	발견, 알게 되다
name	이름 짓다
call	부르다, ~라고 하다
paint	색칠하다
cut	자르다
keep (상태로)	유지하다, 두다
leave (상태로)	(내버려) 두다
get (상태가)	되게하다
make	~게 하다, ~로 만들다
see, look at	보다
watch	(지켜)보다
observe	목격, 관찰하다
hear	듣다
overhear	우연히 듣다, 엿듣다
feel	느끼다
notice	알아차리다

3   O + 동사원형

사역동사	
let	하게 하다, 해주다
have	하게 하다, 시키다
make	하게 하다, 만들다
help O (to~)	도와서 하게 하다

지각동사	
see, look at	보다
watch	(지켜)보다
observe	목격, 관찰하다
hear	듣다
overhear	우연히 듣다, 엿듣다
feel	느끼다
notice	알아차리다

보충 tag

5형식 동사 중에서 '목적어가 어떤 행동을 하게 하다'의 의미가 있는 동사들이 많이 있습니다. 이 동사는 모두 사역동사(causative verb)라고 부릅니다. 즉, tell, ask 처럼 반드시 부정사를 사용하는 동사와 let, make 처럼 반드시 동사원형을 사용하는 동사, 그리고 help 처럼 부정사, 동사원형을 모두 사용할 수 있는 동사는 모두 사역동사입니다.
그런데 우리가 배우는 영어 문법에서는 let, have, make 를 사역동사, help 를 준사역동사라고 배우는 것이 일반적입니다. 용어가 조금 이상한 것이지요.
몇 개의 단어를 추가해 두었습니다. 같이 공부해 두면 좋겠습니다.

[invite, need, require, command, cause, get, have]

– 가목적어 'it' –

우리는 46 page에서 가주어를 사용했었습니다.
가주어는 명사절 또는 부정사가 주어 자리에 올 때 사용했었지요.
그런데, 5형식 문장의 목적어 자리에 명사절 또는 부정사가 온다면 어떻게 될까요?
아래와 같은 문장 형태가 되겠지요,

I think <u>that Mom has not called me</u> strange.	엄마가 전화하지 않는 게 이상하게 생각돼.
The strong wind made <u>to work outside</u> difficult.	강풍이 밖에서 일하는 걸 어렵게 했다.

가주어는 문법적으로는 사용하든 말든 틀린 문장은 아니었습니다.
하지만 5형식 문장의 목적어 자리에 명사절 또는 부정사가 오면 절대로 그냥 두면 안 됩니다.
반드시 가목적어(it)를 사용해야 하지요.

I think <u>that Mom has not called me</u> strange.	X	
I think it strange <u>that Mom has not called me</u>.	O	엄마가 전화하지 않는 게 이상하게 생각돼.
The strong wind made <u>to work outside</u> difficult.	X	
The strong wind made it difficult <u>to work outside</u>.	O	강풍이 밖에서 일하는 걸 어렵게 했다.

몇 개의 예를 더 볼까요?

The proof makes it clear <u>who has made mistake</u>.	이 증거는 누가 실수했는지 분명하게 해 준다.
I found it almost impossible <u>to talk with him</u>.	그 녀석과 이야기 하는 건 거의 불가능함을 알았다.
They consider it their privilege <u>to attend here</u>.	그들은 여기 참석하는 게 지네들 특권인 줄 알아.

6 · 5형식 문장의 수동태

5형식 문장이 수동태가 되면 목적어^{O}가 주어가 되고, 5형식 동사는 '~되다. ~지다.'의 의미를 표현하기 위해서 'be PP'의 형태가 되겠지요. 그리고 목적격보어^{OC} 가 'be PP'뒤에 따라오게 됩니다.

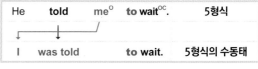

우리는 여기서 자주 사용되며 우리말로 쉽게 이해되는 5형식 수동태 몇 가지를 익혀 두도록 하겠습니다.

be PP + to ~	
be told to ~	~하라고 듣다
be asked to ~	~하라고 요청받다
be advised to ~	~하라고 충고 받다
be persuaded to ~	~하라고 설득 당하다
be encouraged to ~	~하도록 격려, 부추겨지다
be taught to ~	~하도록, 하라고 배우다
be expected to ~	~할 거라 예상, 기대되다
be warned to ~	~하라고 경고받다
be ordered to ~	~하라고 명령, 지시 받다
be forced to ~	~하라고 강요받다
be allowed to ~	~하도록 허락받다
be forbidden to ~	~하는 것이 금지되다

be PP + 명사, 형용사, 분사	
be named + 명사	~로 이름 지어지다
be called + 명사	~라고 불리다
be painted + 색	~로 칠해지다
be kept + 명사, 형용사	~하게(채로) 유지되다
be left + 명사, 형용사	~하게(채로) 남겨지다

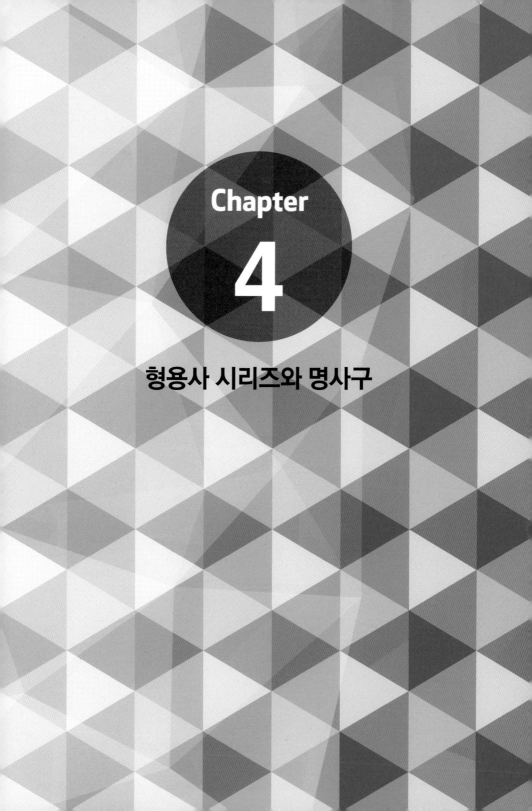

Chapter

4

형용사 시리즈와 명사구

이제 영어 작문 프로젝트 문법 정리의 마지막 단원입니다.

이 단원에서는 명사구라는 것을 공부하게 됩니다.

명사구는 영어 작문뿐만 아니라 특히 독해에서 굉장히 중요합니다.

명사구를 자유롭게 다룰 수 있으면 영어 독해가 쉬워집니다.

그리고 마지막 단락인 만큼 지금까지 공부한 모든 문법요소를 활용한 문장을 만들어보게 됩니다.

기억나지 않는 부분이 있다면 앞 부분을 다시 들춰가면서 차분히 공부하면 좋겠습니다.

명사는 문장의 주어, 명사보어, 동사의 목적어, 전치사의 목적어라는 많은 기능을 담당합니다.

그리고 명사가 형용사의 수식을 받아 만들어진 명사구는 명사와 똑같은 기능을 담당하지요.

물론 명사절, 동명사, 부정사 역시 명사와 같은 기능을 담당하지만 명사구는 훨씬 더 자주 문장 속에 등장하게 됩니다.

왜 그럴까요? 명사구는 같은 명사가 들어간 두 문장을 한 문장으로 간단히 할 수 있는 방법이기 때문입니다.

내가 여섯 살 때 나는 진짜 이야기들이라고 불리는 원시림에 관한 책에서 멋진 사진 하나를 본 적이 있다 --*어릴 알자*

위의 문장 속에는 '진짜 이야기들이라고 불리는 **책**' '원시림에 관한 **책**' '멋진 **사진** 하나'라는 명사구가 들어 있습니다.

만약 명사구를 사용하지 않고 표현한다면 이런 문장이 되겠지요.

내가 여섯 살 때 나는 **책**에서 **사진** 하나를 본 적이 있다.

그 **사진**은 멋지다.

그 **책**은 원시림에 관한 것이다.

그 **책**은 진짜 이야기들이라고 불린다.

어떤가요? 명사구를 사용하지 않는다면 여러 문장을 써서 표현해야 하겠지요?

그래서 명사구를 마음대로 만들어 낼 수 있다면 훨씬 보기 좋게 여러 문장을 한 문장으로 표현해 낼 수 있는 것입니다.

그러면 명사구는 어떻게 만드는 것일까요?

한국어는 문장 속의 어떤 명사를 문장의 끝으로 보낸 다음 **종결어미(~다.)**를 형용사형 어미(~ㄴ)로 바꾸어 주면 끝입니다.

문장	명사를 문장 끝으로 이동	동사형어미 ➡ 형용사형어미(~ㄴ) : 명사구
그 **사진**은 멋지다.	멋지다. 그 **사진**	멋진 그 **사진**
그 **책**은 원시림에 관한 것이다.	원시림에 관한 것이다. 그 **책**	원시림에 관한 그 **책**
그 **책**은 진짜 이야기들이라고 불린다.	진짜 이야기들이라고 불린다. 그 **책**	진짜 이야기들이라고 불리는 그 **책**

역시 한국어의 어미는 참 편리합니다.

그리고 한 가지 기억해야 할 것은 명사구(noun-phrase)는 원래 문장(sentence)이었다는 사실입니다.

그러니까 하나의 명사구를 만들 수 있다는 이야기는 하나의 문장을 만들 수 있다는 의미인 것이지요.

영어의 명사구 역시 문장이 변해서 만들어진다는 점은 한국어와 다르지 않습니다.

하지만 통일된 형태의 어미가 없기 때문에 한국어의 명사구와는 다른 방법을 사용해야 하겠지요.

이제부터 우리는 영어의 형용사 시리즈를 마음대로 활용하여 멋진 명사구를 만들어 낼 수 있도록 공부해 보겠습니다.

한국어의 모든 형용사 시리즈는 명사를 앞에서 수식하지요.
하지만 영어의 형용사 시리즈는 형태에 따라 위치가 달라집니다.
즉, **단어** 형태는 앞에서, **구** 또는 **절**의 형태는 뒤에서 명사를 수식합니다.
결국 영어의 명사구는 옆의 모양들 중 하나가 되겠지요.

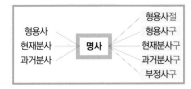

MAP	문장성분	품사	구	절	준동사	
	주어	명사	명사구	명사절	동명사	부정사
	동사	동사				
	목적어	**1** 형용사	**2** 형용사구	**3** 형용사절	**4** 부정사구	**5** 분사(구)
	보어	부사	부사구	부사절	부정사구	분사(구)

구와 절(형용사구, 형용사절, 분사구, 부정사구)은 **뒤에서** 명사를 수식합니다.

형용사, 현재분사, 과거분사는
앞에서 명사를 수식합니다.

1	형용사 + 명사
	a very small bird
	the angry bird
	kind people
	most wild flowers
	Sumin's sad voice

5	분사 + 명사
	all living things
	the sleeping dog
	the blowing wind
	my broken leg
	the hidden treasures
	a closed mind

2	명사 + 형용사구
	a bird on the roof
	people in this world
	devils from hell
	a short film for you
	butterfly with beautiful wings
	importance of being honest
	book about how to live

5	명사 + 분사구
	people trying to help you
	wind blowing from the mountain
	the moon hidden by the clouds
	dishes made of silver
	a short story written by him

3	명사 + 형용사절
	people who love me
	animals which live in the forests
	the pictures that I took on the trip
	the day when I met the little prince
	place where only good people can go
	the reason why we have to love
	the way that people think

4	명사 + 부정사구
	someone to help me
	books to read for the exam
	time to think about this problem
	reason to protect the nature
	the best way to learn taekwondo

한국어 문장은 **종결어미**인 **'~다.'**로 끝나지요. 즉, 모든 문장은 동사로 끝납니다.
따라서 문장 속의 명사를 문장 끝으로 옮기고 　　　　　　　　　[**사람들**은 평화를 원한다.] [평화를 원한다. + **사람들**]
종결어미(~다.)를 **형용사형 어미(~ㄴ)**로 바꾸어 주면 문장을 명사구로 만들 수 있습니다. [평화를 원하는 + **사람들**]
즉, 수식 받는 명사를 제외한 문장의 나머지 부분이 명사를 수식하게 됩니다.
우리는 먼저 **문장의 주어가 수식 받는 명사구**를 만들어 보도록 하겠습니다.

문장 : ~다.	명사구 : [~ㄴ, ~의] +명사
그 **영감님**께서는 우리 옆집에 사신다.	「우리 옆집에 사시는」 그 **영감님**
그 **곰**은 결국 인간이 되었다.	「결국 인간이 된」 그 **곰**
그 **기계**는 복잡해 보였다.	「복잡해 보이는」 그 **기계**
이 **로봇**은 사람처럼 생각할 수 있다.	「사람처럼 생각할 수 있는」 이 **로봇**
할머니께서 이 고추장을 담그셨다.	「이 고추장을 담으신」 **할머니**
사람들은 오래 살고 싶어 한다.	「오래 살고 싶어 하는」 **사람들**
꽃들이 언덕 위에 피어나고 있어요.	「언덕 위에 피어나고 있는」 **꽃들**
그 **선생님**께서 내게 영어를 가르치셨어.	「내게 영어를 가르치신」 그 **선생님**
친구들은 날 이기적이라고 생각한다.	「날 이기적이라고 생각하는」 **친구들**
시간은 모든 것을 변하게 하지.	「모든 것을 변하게 하는」 **시간**
그 **남자**가 나더러 나가라고 말했어.	「나더러 나가라고 말한」 그 **남자**
그 **사진**은 이 폴더 속에 있어.	「이 폴더 속에 있는(속의)」 그 **사진**
그 **책**은 한국의 숲에 대한 거야.	「한국의 숲에 대한」 그 **책**
저 **학생**은 너보다 키가 크다.	「너보다 키가 큰」 저 **학생**
도서관이 공원에 새로 지어졌다.	「공원에 새로 지어진」 **도서관**
그의 어머니는 유명 작가시다.	「유명 작가이신」 **그의 어머니**

어떤가요? 한국어는 문장을 명사구로 바꾸는 것이 참 쉽지요. 어미라는 것이 이렇게 편리합니다.
그리고 **수식 받는 명사가 항상 명사구의 끝에 있어야 한다**는 공통점도 있습니다.
그러면 어미도 없고 문장이 동사로 끝난다는 공통점도 없는 영어는 어떻게 명사구를 만들어야 할까요?
먼저, 어미가 없기 때문에 형용사절 접속사가 필요하겠지요.
그리고 동사로 끝난다는 공통점이 없으니까 수식 받는 명사를 차라리 문장 앞으로 이동시키는 편이 좋습니다.

영어는 수식 받을 명사를 문장 앞에 둡니다. 그리고 **형용사절을 만드는 접속사**를 그 명사 뒤에 써 주지요.
형용사절을 만드는 접속사를 관계사라고 하고, 특히 명사를 대신해서 사용하는 관계사를 관계대명사라고 부릅니다.
즉, 관계사를 써 주면 형용사절 속의 동사는 동사(~다.)가 아닌 **형용사(~ㄴ)**로 변하게 되는 것입니다.
관계대명사는 수식 받는 명사가 사람이면 'who' 또는 'that', 사람이 아니면 'which' 또는 'that'을 사용합니다.
또, 원래는 문장의 주어였던 명사를 대신한 관계대명사를 주격관계대명사라고 부릅니다.

주어 뒤에	The woman ⬎ made this gochujang.	문장	**그분**이 이 고추장을 담그셨어.
관계대명사 who	**the woman** 「**who** made this gochujang」	명사구	「이 고추장을 담그신」 **그분**
주어 뒤에	The machine ⬎ looked complicated.	문장	**그 기계**는 복잡해 보였다.
관계대명사 which	**the machine** 「**which** looked complicated」	명사구	「복잡해 보이는」 **기계**
관계대명사 that	**the machine** 「**that** looked complicated」		

명사구를 활용하면 같은 명사가 있는 두 개의 문장을 한 문장으로 만들 수도 있고, 어떤 명사에 대한 추가 정보를 새로 문장을 쓰지 않고도 문장 속에 보탤 수 있는 좋은 방법입니다.

I know good ***people***. ***They*** are living honestly.	난 좋은 **사람들**을 알아. **그들**은 정직하게 살고 있어.
people 「who are living honestly」	「정직하게 살고 있는」 **사람들**
I know good ***people*** 「who are living honestly」.	난 「정직하게 살고 있는」 좋은 **사람들**을 알아.
We sat on ***a rock*** to take lunch. ***The rock*** looked like a turtle.	우린 점심을 먹으려고 **바위**에 앉았다. **그 바위**는 거북을 닮았다.
rock 「that was like a turtle」	「거북을 닮은」 **바위**
We sat on ***a rock*** 「that looked like a turtle」 to take lunch.	점심을 먹으려고 「거북을 닮은」 **바위**에 앉았다.

영어는 수식 받는 명사가 비교 대상이 없을 때 형용사절의 앞, 뒤에 **콤마(,)**를 찍어 줍니다.
그러면 형용사절의 정보는 말하려는 본 뜻과는 상관없다는 뜻이 되며, 이때는 'that'을 관계대명사로 사용할 수 없습니다.

This is my sister, who loves board games.	얘가 내 동생인데, 보드게임을 좋아해. **여동생은 한 명뿐**
This is my sister who loves board games.	얘가 보드게임을 좋아하는 내 동생이야. **다른 여동생도 있다.**
Hangul, that is Korean alphabet, is very scientific. (X)	콤마 뒤에는 'that'을 사용할 수 없습니다. **비교 대상이 없다.**
Hangul, which is Korean alphabet, is very scientific.	한국 알파벳인 한글은 매우 과학적이지.

대부분의 경우 형용사절의 '관계대명사 + be'는 생략할 수 있습니다.

'be 동사' 뒤의 부분이 주어(명사)의 상태를 표현하므로 '관계대명사+be'가 없어도 충분히 명사를 수식할 수 있기 때문이지요. 그리고 'be 동사' 뒤에는 **명사보어, 형용사보어, 현재분사**(진행), **과거분사**(수동), **전치사**(부사구)가 따라왔었지요.

이들 중 **형용사, 현재분사, 과거분사, 전치사**는 '~ㄴ'으로 끝나는 형용사 성분들로 '관계대명사+be'없이도 명사를 수식할 수 있습니다. 또, 명사보어인 경우 '명사+명사(구)'의 형태가 되어 **동격의 명사구**라는 것을 만들게 됩니다.

	문장성분	품사	구	절		준동사	
MAP	주어	명사	명사구	명사절	동명사	부정사	
	동사	동사					
	목적어	형용사	형용사구	형용사절		부정사구	분사(구)
	보어		부사구	부사절		부정사구	분사(구)

따라서 '관계대명사+be'로 시작되는 형용사절은 **형용사(구), 분사(구), 명사(구)**의 형태로 간단히 할 수 있는 것이지요. 물론 이런 변화는 수식 받는 명사가 원래 문장의 **주어인 경우**에만 가능하며 명사구의 의미는 변하지 않습니다.

명사 + 형용사절 (관계대명사+be)	➡	형용사, 분사 + 명사		
the **people** (who are) honest	the honest **people**	형용사+**명사**		정직한 **사람들**
flowers (which are) blooming	blooming **flowers**	현재분사+**명사**		피고 있는 **꽃들**
library (that was) newly built	newly built **library**	과거분사+**명사**		새로 지어진 **도서관**

명사 + 형용사절 (관계대명사+be)	➡	명사 + 형용사구, 분사구		
the **dog** (which is) following me	the **dog** 「following me」	**명사+현재분사구**		「날 따라오고 있는」 그 **개**
library (that was) built for children	**library** 「built for children」	**명사+과거분사구**		「~ 위해 지어진」 **도서관**
kid (who is) being raised by wolves	**kid** 「being raised by wolves」	**명사+현재분사구**		「~ 길러지고 있는」 **아이**
books (that are) in the library	**books** 「in the library」	**명사+형용사구**		「도서관의」 **책들**
people (who were) around you	**people** 「around you」	**명사+형용사구**		「네 주위의」 **사람들**
a special **gift** (which is) for you	a special **gift** 「for you」	**명사+형용사구**		「너를 위한」 특별한 **선물**

명사 + 형용사절 (관계대명사+be)	➡	명사 + 명사, 명사구		동격의 명사구
the dog (which is) a Poongsan dog		the dog a Poongsan dog	명사+명사	풍산개인 **그 개**
his mother, (who is) a famous writer		his mother, a famous writer	명사+명사구	유명 작가이신 **그의 어머니**

주격 관계대명사 뒤의 동사가 일반동사인 경우라면 형용사절을 그대로 사용하면 되겠지요.
하지만 일반동사가 '일상적으로 ~하는'의 의미인 경우 진행형으로 바꾸어 현재분사구로 간단히 할 수도 있습니다.
즉, 진행형이 아닌 형용사절을 진행형으로 바꾸어도 적절한 경우 일반동사를 현재분사로 바꿀 수 있다는 뜻입니다.
그래서 **현재분사**는 '~하고 있는' 뿐만 아니라 '~하는'의 의미를 표현할 수도 있는 것이지요.

명사 + 『관계대명사 + 일반동사(~하는)』	➡	명사 + 『현재분사구(~하고 있는, ~하는)』	
the **students** 『who **take** this class』		the **students** 『taking this class』	『이 수업을 듣는』 **학생들**
the **people** 『who **live** in this city』		the **people** 『living in this city』	『이 도시에 사는』 **사람들**
rivers 『that **flow** to the sea』		**rivers** 『flowing to the sea』	『바다로 흐르는』 **강들**

'관계대명사+be'의 생략은 형용사절을 형용사(구), 분사(구), 명사(구)로 바꾸어 다양한 형태의 명사구를 탄생시킵니다.

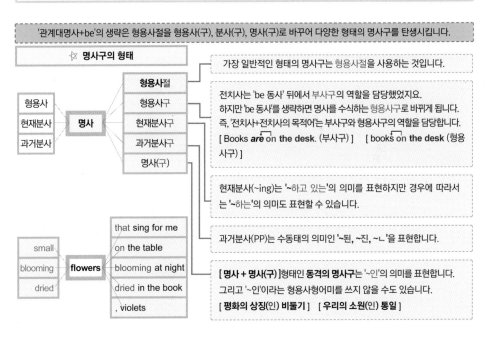

☆ 명사구의 형태

가장 일반적인 형태의 명사구는 형용사절을 사용하는 것입니다.

전치사는 'be 동사' 뒤에서 부사구의 역할을 담당했지요.
하지만 'be 동사'를 생략하면 명사를 수식하는 형용사구로 바뀌게 됩니다.
즉, '전치사+전치사의 목적어'는 부사구와 형용사구의 역할을 담당합니다.
[Books **are** on the desk. (부사구)]   [books on the desk (형용사구)]

현재분사(~ing)는 '~하고 있는'의 의미를 표현하지만 경우에 따라서는 '~하는'의 의미도 표현할 수 있습니다.

과거분사(PP)는 수동태의 의미인 '~된, ~진, ~ㄴ'을 표현합니다.

[**명사 + 명사(구)**]형태인 **동격의 명사구**는 '~인'의 의미를 표현합니다.
그리고 '~인'이라는 형용사형어미를 쓰지 않을 수도 있습니다.
[평화의 상징(인) 비둘기]   [우리의 소원(인) 통일]

형용사 / 현재분사 / 과거분사 → 명사 → 형용사절 / 형용사구 / 현재분사구 / 과거분사구 / 명사(구)

small / blooming / dried → flowers → that sing for me / on the table / blooming at night / dried in the book / , violets

'전치사+목적어(Op)'형태의 부사구는 '**be 동사**'와 함께 '~가 ~에 있다, ~다'의 의미를 표현하지요.

- The school *is* near a park. (부사구)

이 문장을 명사구로 만들면 '**관계대명사+be 동사**'가 있는 형용사절이 만들어집니다.

- the school 「*that is* near a park」 (형용사절)

그리고 'that+be'를 생략하면 '전치사+목적어(Op)'가 명사를 수식하는 형용사구로 바뀌게 됩니다.

- the school 「near a park」 (형용사구)

지금까지 우리가 사용해 온 전치사들은 이런 방식으로 명사 뒤에서 명사를 수식하는 형용사구로 사용되는 것이지요.

문장 - [be + 부사구]	➡ 명사구 - [**명사** + 형용사구]	~에 있는, ~의, ~ㄴ
The people **are** at the concert.	the **people** at the concert	콘서트장의 사람들
The key **is** in your pocket.	the **key** in your pocket	네 주머니 속에 있는 열쇠
Old trees **are** around the lake.	old **trees** around the lake	그 호수 주위의 오래된 **나무들**
The book **is** about insects.	the **book** about insects	곤충에 대한 그 **책**
This gift **is** for you.	the **gift** for you	널 위한 선물
The boy **is** from North Korea.	the **boy** from North Korea	북한 출신의(에서 온) 그 소년
The woman **is** with a dog.	the **woman** with a dog	개와 함께 있는 그 **여자**
Some people **are** without houses.	some **people** without houses	집이 없는 어떤 **사람들**

☆ [**전치사+Op**] 형태를 흔히 **전치사구**(prepositional phrase)라고 부릅니다. 하지만 영어의 전치사는 **부사구**와 형용사구를 만드는 데만 사용되기 때문에 기능에 따라 부사구, 형용사구로 부를 수 있습니다.

MAP	문장성분	품사	구	절	준동사	
	주어	명사	명사구	명사절	동명사	부정사
	동사	동사				
	목적어	형용사	형용사구			
	보어	부사	부사구			

형용사구 / 부사구 ⟶ **전치사** + **전치사의 목적어**

			명사 + 「전치사+Op」	「~에 있는, ~의, ~ㄴ」 + 명사
명사 +	at ~	~에 있는, ~의	people at the table	식탁에 있는 사람들
	in ~	~속(안)의, ~에 처한, ~을 입은	flowers in the vase, flowers in spring	꽃병 속의, 봄의 꽃들
			a friend in danger, a friend in love	위험에, 사랑에 빠진 친구
			a boy in school uniform	교복을 입은 소년

		animals on the earth	지구 상의 동물들
on ~	~위의, ~상의, ~을 탄, ~중인	prince on horse	말을 탄 왕자님
		man on the phone, man on a trip	통화 중인, 여행 중인 남자
in front of ~	~앞의, ~전의 [before ~]	the car in front of / before us	우리 앞의 **자동차**
behind ~	~뒤의, ~후의 [after ~]	the river behind the house	그 집 뒤의 **강**
		the day after tomorrow	**모레**
beside~	~옆의, 곁의 [by~, next to ~]	the table beside, by, next to you	네 옆의 **책상**
near ~	~근처의, ~가까이 있는	the bakery near the library	도서관 근처의 **빵집**
around ~	~주위의, ~주변의, ~근처의	tall trees around the lake	호수 주위의 큰 **나무들**
between ~	~사이의	differences between you and me	너와 나 사이의 **차이들**
outside ~	~밖의	the plants outside the window	창밖의 **화분들**
across ~	~건너의, ~을 가로지르는	flower shop across the street	길 건너의 **꽃집**
outside ~	~밖의	the plants outside the window	창밖의 **화분들**
across ~	~건너의, ~을 가로지르는	flower shop across the street	길 건너의 **꽃집**
along ~	~을 따라 있는	the trees along the street	길을 따라 있는 **나무들**
through ~	~을 통한, ~을 관통하는	studying through the internet	인터넷을 통한 **공부**
over ~	~너머의, ~위의, ~이상의	somewhere over the rainbow	무지개 너머 **어딘가**
		bridge over the river	강 위의 **다리**
under ~	~아래의, ~하의, ~미만의	children under 11	11세 미만의 **어린이들**
from ~	~로부터, ~에서 온, ~출신의	the teacher from Jeju island	제주도 출신의 **선생님**
to ~	~(에)게의, ~로 가는, ~에 대한	the plane to Jeju island	제주도로 가는 **비행기**
for ~	~을 위한, ~를 향한	a gift for you, love for you	널 위한 **선물**, 널 향한 **사랑**
about ~	~에 대한	mixed feelings about my parents	부모님에 대한 복잡한 **기분**
like ~	~같은	a student like you	너 같은 **학생**
with ~	~을 가진, ~와 함께있는, ~와의	people with good heart	착한 마음씨를 가진 **사람들**
without ~	~없는	a world without love	사랑 없는 **세상**
of ~	~의, ~중의, ~하는 것의	one of them, love of mother	그들 중 **한 명**, 어머니의 **사랑**
		importance of **making** good friends	좋은 친구 사귀는 것의 **중요성**
		question of **what** you want to be	네가 무엇이 되고 싶은지의 **질문**

명사 +

☆ 전치사를 사용하면 동사를 사용하지 않고도 어떤 의미를 간단히 표현할 수 있는 경우가 많이 있습니다.

a man wearing black jacket (= a man in black jacket)
a boy riding the bike (= a boy on the bike)
woman who has blue eyes (=woman with blue eyes)
a man who has no hair (=a man without hair)
people who came from Korea (= people from Korea)

☆ 동명사와 명사절이 전치사의 목적어로 사용될 수 있습니다.

the thought of / about running away (달아날 **생각**)
talent for making people laugh (사람들을 웃게 하는 **재주**)
the life without loving others (다른 이들을 사랑하지 않는 **인생**)
difference between reading a book and writing a book
the secret of how to make it (그걸 어떻게 만드는지의 **비밀**)

한국어는 동사의 목적어를 문장 뒤로 보내고 종결어미를 형용사형어미로 바꾸면 쉽게 목적어가 수식 받는 명사구가 만들어집니다. 그리고 동사의 목적어가 수식 받기 때문에 형용사절 속에는 주어(~가, ~이)가 남아 있게 되겠지요.

문장 : ~다. ➡	명사구 : [~ㄴ]+명사
난 **그 녀석**이 싫다.	「내가 싫어하는」 **그 녀석**
선생님은 **그 학생**에게 책을 주셨다.	「선생님이 책을 주신」 **그 학생**
선생님은 그 학생에게 **책**을 주셨다.	「선생님이 그 학생에게 주신」 **책**
그녀는 **옛 친구들**이 보고 싶었다.	「그녀가 보고 싶었던」 **옛 친구들**
넌 **그 아이**를 울게 만들었어.	「네가 울게 만든」 **그 아이**
난 **그 초코파이**를 냉장고에 넣어 두었다.	「내가 냉장고에 넣어 둔」 **그 초코파이**
세종대왕이 **한글**을 창제했다.	「세종대왕이 창제한」 **한글**

한국어와 달리 영어는 동사의 목적어를 **문장 앞**으로 보내고 **관계대명사**로 형용사절을 표시해 줍니다.
이때 관계사는 목적격**관계대명사**라고 부르며 사람인 경우 'who, whom, that'을, 사람이 아닌 경우 'which, that'을 사용합니다. 그리고 주격관계대명사와는 달리 **목적격관계대명사는** 생략할 수 있습니다.
목적격 관계대명사를 생략한 명사구는 **명사 +** 「**주어 + 동사~**」의 형태가 되겠지요.

I want to see **my old freinds**.	목적어를 문장 앞으로	
my old friends 「(who, whom) I want to see」	관계대명사	**명사+**「**관계대명사+주어+동사**」
my old friends 「I want to see」	관계대명사 생략	**명사+**「**주어+동사**」
I put **the chocopie** in the refrigerator.	목적어를 문장 앞으로	
the chocopie 「(which, that) I put in the refrigerator」	관계대명사	**명사+**「**관계대명사+주어+동사**」
the chocopie 「I put in the refrigerator」	관계대명사 생략	**명사+**「**주어 +동사**」

형용사절이 수식하는 명사가 비교 대상이 없는 경우 콤마(,)로 구분한다고 배웠었지요. 이 원칙은 목적어를 수식하는 경우에도 마찬가지입니다. 그리고 콤마를 쓰면 목적격관계대명사를 생략할 수 없고 **'that'**은 사용할 수 없습니다.

Hangul, which King Sejong created, is very scientific. 　세종대왕이 창제한 한글은 매우 과학적입니다.

Hangul, King Sejong created, is very scientific. (X) 　목적격관계대명사를 생략할 수 없음

Hangul, **that** King Sejong created, is very scientific. (X) 　관계대명사 'that'을 사용할 수 없음

5 　소유격 관계대명사 : whose

문장 속에는 무엇인가를 소유(~의)하는 명사가 있습니다.

이런 문장은 **소유의 명사**(~의)를 수식 받게 하여 명사구로 바꿀 수 있습니다.

한국어는 소유의 명사를 문장 끝으로 보내고 종결어미(~다.)를 형용사형어미(~ㄴ)는 것으로 명사구가 완성됩니다.

문장	➡	명사구
그 애의 ˙삼촌은 깡패야.		『˙삼촌이 깡패인』 그 애
순이 ˙엄마가 여기서 일하신다.		『엄마가 여기서 일하시는,』 **순이**
나는 그 노래의 ˙가사를 모른다.		『내가 ˙가사를 모르는』 그 노래
내가 그 책의 ˙표지를 찢었다.		『내가 ˙표지를 찢은』 그 책

수식 받는 명사와 소유의 관계인 명사를 형용사절 속에서 찾을 수 있겠지요?

삼촌 = 그 애의 ˙삼촌
엄마 = 순이의 ˙엄마
가사 = 그 노래의 ˙가사
표지 = 그 책의 ˙표지

영어는 보통 ('s)를 사용하여 소유를 표현합니다.

따라서 ('s) 대신 **소유격 관계대명사**인 '**whose**'를 사용하여 소유의 형용사절을 만들 수 있습니다.

또 소유격 관계대명사 '**whose**'는 사람과 사물 모두에 사용할 수 있습니다.

	The child's uncle is a gangster.	명사를 문장 앞으로	그 애의 ˙삼촌은 깡패다.
the child 『whose uncle is a gangster』		('s) 대신 whose	『˙삼촌이 깡패인』 그 애
	Soon's mother works here.	명사를 문장 앞으로	순이의 ˙엄마가 여기서 일하신다.
Sooni 『,whose mother works here』		('s) 대신 whose	『엄마가 여기서 일하시는,』 **순이**
	I don't know **the song**'s lyrics.	명사를 문장 앞으로	난 그 노래의 ˙가사를 모른다.
the song 『whose lyrics I don't know』		('s) 대신 whose	『내가 ˙가사를 모르는』 그 노래
	I tore **the book**'s cover.	명사를 문장 앞으로	내가 그 책의 ˙표지를 찢었다.
that book 『whose cover I tore』		('s) 대신 whose	『내가 ˙표지를 찢은』 그 책

☆ '**whose**'를 사용할 때는 수식 받는 명사와 소유의 관계인 명사(삼촌, 엄마, 가사, 표지)를 '**whose**'뒤에 써 주는 것이 중요합니다. 즉, '**whose**'뒤에는 항상 명사가 따라와야 하는 것이지요.

||||||||||||||||||||||||||||||||||||||||||||||||||||||||||||

☆ 형용사절을 만드는 관계대명사는 주격, 목적격, 소유격으로 나누어집니다.

관계대명사의 종류	주격 관계대명사	목적격 관계대명사(생략가능)	소유격 관계대명사
사람을 수식하는 형용사절	who, that	who, whom, that	whose
사람 아닌 것을 수식하는 형용사절	which, that	which, that	whose

6	관계부사 : when, where, why, that

한국어는 주로 명사에 부사격조사(~에, ~에서, ~로, 등)를 붙여 **'시간, 장소, 이유, 방식'**을 표현합니다.
따라서 부사격조사를 뺀 명사(시간, 장소, 이유, 방식)를 문장 끝으로 보내고 종결어미(~다.)를 형용사형어미(~ㄴ, 는)로 바꾸면 쉽게 문장을 **'시간, 장소, 이유, 방식'을 표현하는 명사구**로 만들 수 있습니다.

문장 : ~다.	➡	명사구 : [~ㄴ] +시간,장소,이유,방식 명사
우리는 **그날**(에) 처음 만났다.		『우리가 처음 만난』 **그날**
우리는 **그 공원**에서 축구를 하곤 했다.		『우리가 축구를 하곤 했던』 **그 공원**
난 **그 이유** 때문에 네가 싫다.		『내가 널 싫어하는』 **그 이유**
그녀는 늘 **그런 식**으로 날 대했다.		『그녀가 늘 나를 대했던』 **방식**

영어는 '시간, 장소, 이유, 방법'을 **'전치사+전치사의 목적어'** 형태의 부사구로 표현하는 것이 보통입니다.
따라서 전치사를 뺀 **'전치사의 목적어'**가 문장 앞으로 이동하여 형용사절의 수식을 받는 명사가 될 수 있습니다.
이때 형용사절은 '시간, 장소, 이유, 방식'을 표현하는 **관계부사**(when, where, why, that)로 시작됩니다.

We met first *when* **on the day**.	전치사의 목적어를 문장 앞으로	
the day 『when we met first』	명사 뒤에 관계부사 when	**시간 명사** + [관계부사 +주어+동사]
We would play soccer *where* **at the park**.	전치사의 목적어를 문장 앞으로	
the park 『where we would play soccer』	명사 뒤에 관계부사 where	**장소 명사** + [관계부사 +주어+동사]
I hate you *why* **for the reason**.	전치사의 목적어를 문장 앞으로	
the reason 『why I hate you』	명사 뒤에 관계부사 why	**reason** + [관계부사 +주어+동사]
She always treated me *how* **in that way**.	전치사의 목적어를 문장 앞으로	
that way 『that she always treated me』	명사 뒤에 관계부사 how 대신 that	**way** + [관계부사 +주어+동사]

방식, 방법을 의미하는 의문부사는 '**how**'입니다. 하지만 형용사절(관계부사)에는 '**how**'를 반드시 생략합니다.
그리고 '**how**' 대신 '**that**'을 써 줄 수 있습니다. 이때 '**that**'은 관계부사인 셈이지요.

the **way** 「**how they live**」 *(X)*　the **way** 「**they live**」 *(O)*　「그들이 살아가는」 방식

the **way** 「**that they live**」 *(O)*　「그들이 살아가는」 방식

☆ 관계부사의 생략

이유와 방식의 관계부사 앞에 올 수 있는 명사는 '**reason, way**'뿐이기 때문에 관계부사를 생략해도 쉽게 명
사구를 파악할 수 있지요. 즉, 이유와 방식의 관계부사 '**why, that**' 은 언제든 생략할 수 있습니다.

the **reason** 「why I was late」　　the **reason** 「I was late」　　「내가 늦었던」 이유

the only **way** 「that you can find it」　the only **way** 「you can find it」　「네가 그걸 찾을 수 있는」 유일한 방법

시간과 장소의 관계부사는 '**time, moment, day, year**' 뒤의 '**when**' 과 '**place, somewhere, eveywhere,
anywhere**' 뒤의 '**where**'은 생략할 수 있습니다. 하지만 **구체적인 시간, 장소** 뒤의 '**when, where**'은 생략하
지 않습니다.

time / **moment** / **day** / **year** 「when I was born」　　「내가 태어난」 때/순간/날/해

time / **moment** / **day** / **year** 「I was born」

place / **somewhere** 「where you want to go」　　「네가 가고 싶은」 곳 / 어딘가

place / **somewhere** 「you want to go」

hospital 「where I was born」　　「내가 태어난」 병원

hospital 「I was born」　(X)

last Monday 「when he visited us」　　「그가 방문했던」 지난 월요일

last Monday 「he visited us」　(X)

의문사 명사절과 형용사절의 관계

형용사절을 만드는 데 사용되는 접속사를 관계대명사, 관계부사라고 부르지요. 그리고 관계사들은 명사절을 만드는 **의문사**와 다르지 않습니다.

즉, 의문대명사는 관계대명사로 사용되고 의문부사는 관계부사로 사용되는 것이지요.

그래서 의문사 명사절 앞에 의문사에 해당하는 명사[형용사절의 수식을 받는 명사]를 써 주면 **의문사 명사절**이 형용사절이 되어 버리는 것입니다.

명사절 ⇒	형용사절 *
that S+V	
whether S+V	
의문사 (~지)	**관계사 (~ㄴ)**
who S+V ⇒	who
whom S+V ⇒	whom
whose S+V ⇒	whose
what S+V	
which S+V ⇒	which
when S+V ⇒	when
where S+V ⇒	where
why S+V ⇒	why
how S+V	that

의문사 명사절 (~지) ⇒	**명사** + 형용사절 (~ㄴ)
I know **who** can help you.	I know **someone** who can help you.
I know **who/whom** he likes.	I know the **lady** (who/whom) he likes.
I know **whose** face he drew.	I know the **lady** whose face he drew.
I know **which** looks better.	He gave me **one** which looked better.
I remember **when** we met first.	I remember the **day** when we met first.
I know **where** he lives.	I know the **apartment** where he lives.
I know **why** you were late.	I know the **reason** (why) you were late.
I know **how** he is living.	It is the **way** (that) he is living.

7 전치사+관계대명사(which, whom)

관계부사 'when, where, why, that'은 주로 **부사구**(전치사+전치사의 목적어)의 의미를 대신해서 사용했습니다.
하지만 영어는 전치사를 그대로 남겨둔 형용사절을 만들 수도 있습니다.
특히 전치사를 남겨두지 않으면 의미가 제대로 전달되지 않는 경우가 많기 때문에 꼭 알아두어야 하겠습니다.

I saw the picture **in** a book.	난 책**에서** 그 그림을 봤어.
a book which/that I saw the picture **in**	**(1)** 전치사는 그 자리에 남겨 둡니다. 「내가 그 그림을 본」 **책**
a book ( ) I saw the picture **in**	**(2)** 이때는 관계대명사는 생략할 수 있습니다. (전치사의 목적어를 대신한 목적격이기 때문에)
a book **in** which I saw the picture	**(3)** 전치사가 관계대명사 앞으로 이동하면 관계대명사를 생략할 수 없습니다.

I study **with** my friends.	난 내 친구들**과 함께** 공부한다.
my friends who/whom I study **with**	**(1)** 전치사는 그 자리에 남겨 둡니다. 「내가 함께 공부하는」 **친구들**
my friends ( ) I study **with**	**(2)** 이때 관계대명사는 생략할 수 있습니다.
my friends **with** whom I study	**(3)** 전치사가 관계대명사 앞으로 이동하면 관계대명사를 생략할 수 없습니다.

전치사가 관계대명사 앞으로 이동하면 [전치사 + 관계대명사] 형태가 되겠지요. 이때 관계대명사는 'which, whom' 두 가지만 사용해야 합니다. 즉, 'that, who'는 사용할 수 없습니다. 그러니까 [**전치사 + which**] [**전치사 + whom**] 두 가지 형태만 사용해야 하는 것이지요. 보통 (1) 형태의 형용사절보다는 (2)와 (3) 형태를 많이 사용합니다. 물론 [전치사 + 관계대명사]를 관계부사로 바꾸어도 의미가 분명하다면 **관계부사(when, where, why, that)** 를 사용할 수 있습니다.

전치사가 필요한 명사구	전치사 남겨두기	전치사+which/whom
「우리가 (옆에서) 야영했던」 **강**	the river 「we camped **by**」	the river 「**by** which we camped」 └ where ┘
「그가 (밑에서) 잠들었던」 **나무**	a tree 「he fell asleep **under**」	a tree 「**under** which he fell asleep」
「꽃들이 피는」 **계절**	season 「flowers bloom **in**」	season 「**in** which flowers bloom」 └ when ┘
「우리가 (그것에대해) 이야기한」 **문제**	problem 「we talked **about**」	problem 「**about** which we talked」
「그가 (함께) 머물렀던」 **사람**	person 「he stayed **with**」	person 「**with** whom he stayed」
「그녀가 (에게서) 이걸 배운」 **여자**	woman 「she learned it **from**」	woman 「**from** whom she learned it」

명사를 수식하는 부정사 : ~할, ~해야 하는

우리는 한국어의 경우 절의 주어가 필요 없다면 생략하면 그만이라는 것과 그 이유를 알고 있습니다.
또 영어의 절은 주어를 생략할 경우 절의 동사를 반드시 준동사로 바꾸어 주어야 한다는 것도 알고 있지요.
이 원리는 '~할, ~해야 하는, ~할 수 있는'의 의미를 가진 형용사절에도 적용될 수 있습니다.
영어는 '~할, ~해야 할, ~할 수 있는'의 의미를 가진 **형용사절을 부정사구의 형태로 간단히** 할 수 있습니다.
즉, 형용사절 속에 'will, should, can, 등'의 표현이 있으면 형용사절을 부정사구로 간단히 표현할 수 있다는 뜻이지요.

명사 + 형용사절 ➡	명사 + 부정사구
『날 도와줄』 **친구들**	『날 도와줄』 **친구들**
『네가 읽을』 **책**	『읽을』 **책**
『우리가 초대할』 **사람들**	『초대할』 **사람들**
『내가 떠나야 할』 **시간**	『떠나야 할』 **시간**
『우리가 머무를』 **곳**	『머무를』 **곳**
『우리가 사랑해야 하는』 **이유**	『사랑해야 하는』 **이유**
『네가 그걸 마스터할 수 있는』 **방법**	『그걸 마스터할 수 있는』 **방법**

☆ 몇몇 명사는 형용사절과 상관없이 습관적으로 '~할, ~하는, ~한다는, ~하려는, ~할 수 있는, 등'의 의미를 가진 부정사구와 함께 명사구를 만들 수 있습니다. 이 명사구들은 사용하기 편리하고 또 자주 사용되니까 꼭 익혀두세요.

명사 + 형용사절 ➡	명사 + 부정사구
friends 『who will help me』	**friends** 『to help me』
book 『I will read』	**book** 『to read』
people 『we will invite』	**people** 『to invite』
time 『when I should leave』	**time** 『to leave』
place 『where we will stay』	**place** 『to stay』
reason 『why we have to love』	**reason** 『to love』
way 『you can master that』	**way** 『to master that』

보충 tag

명사를 수식하는 부정사 역시 의미상 주어(for+목적격)을 가질 수 있습니다.

내가 읽을 책	- book for me to read
그들이 대답할 차례	- time for them to answer
이 동물들이 머무를 곳	- place for these animals to stay in

명사 + 부정사 (~할, ~하는, ~한다는, ~하려는)

wish to ~	~하려는 **바람, 소망**
desire to ~	~하려는 **욕구, 욕망**
dream to ~	~하려는, 하는 **꿈**
decision to ~	~한다는 **결정**
promise to ~	~한다는 **약속**
plan to ~	~하려는, 하는 **계획**
attempt to ~	~하려는 **시도**
effort to ~	~하려는 **노력**
need to ~	~할 **필요(성)**
chance to ~	~할 **기회**
right to ~	~할 **권리**
duty to ~	~할 **의무**
ability to ~	~할 **능력**
power to ~	~할 **힘, 권한, 능력**
time to ~	~할 **시간**
place to ~	~할 **장소(곳)**
reason to ~	~할, ~하는 **이유**
way to ~	~할, ~하는 **방법**

명사 + [to ~ + 전치사] : 전치사를 가진 부정사구

형용사절의 의미가 'will, should, can'이고 주어를 생략할 수 있다면 형용사절을 부정사구로 간단히 표현할 수 있습니다.

그런데 형용사절이 전치사의 목적어인 명사를 수식한다면 형용사절에 전치사가 남게 됩니다.

그리고 전치사가 남아 있는 형용사절을 부정사구로 간단히 하면 부정사구에도 전치사가 남게 되겠지요.

명사+형용사절+전치사 ➡	명사+부정사구+전치사	
friends 「you will go there with」	**friends** 「to go there with」	「거기 함께 갈」 **친구들**
something 「you should worry about」	**something** 「to worry about」	「걱정해야 할」 **어떤 것**
someone 「you can talk to」	**someone** 「to talk to」	「이야기할 수 있는」 **누군가**
chair 「you will sit down on」	**chair** 「to sit down on」	「앉을」 **의자**

물론 이런 형태의 명사구에서 한국어는 전치사의 의미가 대부분 사라집니다.

전치사는 한국어의 부사격조사에 해당하는데 명사 없이 부사격조사를 쓸 필요가 없기 때문이지요.

하지만 영어는 전치사를 함부로 없앨 수는 없기 때문에 전치사가 남아있는 부정사구가 명사를 수식하게 되는 것이지요.

	명사+[부정사구+전치사]
「(with)함께 놀」 **친구**	**friends** 「to play with」
「(with)함께 네 문제에 대해 이야기 할」 **사람**	**person** 「to talk about your problem with」
「(for)기다려야 할」 **누군가**	**someone** 「to wait for」
「(about)돌보아야 할」 **아이들**	**children** 「to care about」
「(about)생각해 볼」 **문제**	**problem** 「to think about」
「(in)알을 낳을」 **둥지**	**nest** 「to lay eggs in」
「(at)비웃을」 **누군가**	**someone** 「to laugh at」
「(about)쓸」 **거리(어떤 것)**	**something** 「to write about」
「(with)가지고 쓸」 **볼펜**	**ballpoint pen** 「to write with」
「(on)그걸 그릴」 **종이**	**paper** 「to draw that on」
「(of)두려워해야 할」 **어떤 것도**	**nothing** 「to be afraid of」
「(of)자랑스러워할 만한」 **것**	**something** 「to be proud of」
「(of)부끄러워할 만한」 **것**	**something** 「to be ashamed of」

문장 속의 어떤 부분을 강조하고 싶을 때 '~는 다름 아닌 ~다.'라고 표현할 수 있지요.
이 표현에 적당한 영어 표현이 'It ~ that' 강조구문입니다. 이 표현은 사용하기가 아주 쉽습니다.
문장 속에서 강조하고 싶은 명사(구), 부사(구)를 'It be동사'와 'that'사이에 넣어주기만 하면 되지요.
그리고 'be 동사'는 항상 3인칭 'is, was'를 사용합니다.

철수¹는 어제⁴ 이 가게에서³ 이어폰²을 샀다.	Chulsu bought earphones at this shop yesterday.
『어제 이 가게에서 이어폰을 산 건』 **철수¹**였다.	It was **Chulsu** that bought earphones at this shop yesterday.
『어제 이 가게에서 철수가 산 건』 **이어폰²**이었다.	It was **earphones** that Chulsu bought at this shop yesterday.
『어제 철수가 이어폰을 산 건』 **이 가게에서³**였다.	It was **at this shop** that Chulsu bought earphones yesterday.
『철수가 이 가게에서 이어폰을 산 건』 **어제⁴**었다.	It was **yesterday** that Chulsu bought earphones at this shop.

'It ~ that' 강조구문의 'that'은 관계사에 해당합니다. 그래서 'that'대신 'who, which, when, where'을 사용할 수도
있습니다. 하지만 'why, how'는 사용하지 않습니다. 물론 'that'만을 사용해도 아무런 문제가 없으며 관계사를 생략
하지 않습니다. 그리고 'that'은 '~한 것, ~한 사람, ~한 때, ~한 곳, ~한 이유, 등'으로 이해할 수 있겠지요.

『그 문제를 해결해야 하는 건(사람은)』 (다름 아닌) **나**야.	It is **I** that / who should solve this problem.	사람
『내가 거기서 본 건(사람은)』 (다름 아닌) **그**였어.	It was **him** that / who I saw there.	사람
『내가 즐겨 보는 건』 **개콘**이 아냐.	It is not **Gag Concert** that / which I enjoy watching.	사물
『네가 한 건』 **나쁜 짓**이 아니었다.	It was **not a bad thing** that / which you did.	사물
『우리가 만나기로 되어있는 게』 **내일**이다.	It is **tomorrow** that / when we are supposed to meet.	시간
『걔네들이 싸운 건』 (다름 아닌) **쉬는 시간**이었다.	It was **at break time** that / when they fought.	시간
『그가 상자를 묻은 곳은』 **그 나무 밑**이 아니었어.	It was **not under the tree** that / where he buried the box.	장소
『우리가 진 게』 **나 때문**이었다.	It was **because of me** that we lost.	이유
『내가 열심히 공부해야 하는 건』 **널 위한 거**야.	It is **for yourself** that you have to study hard.	이유
『우리가 다치지 않은 건』 **운(운에 의한 것)**이었어.	It was **by luck** that we were not hurt.	방식

'It ~ that' 강조구문은 몇 가지 특이한 점이 있습니다.
첫째, 인칭대명사도 수식을 받을 수 있다는 점입니다. 보통 영어의 인칭대명사는 형용사의 수식을 받지 못하지요.
둘째, 전치사를 포함한 부사구 전체가 수식을 받을 수 있다는 점입니다.
　　　그래서 필요한 전치사를 빠뜨리지 않도록 주의해야 하지요.
결국 'It ~ that' 강조구문은 문장 속의 특정 부분을 그대로 강조할 수 있는 편리한 표현 방법입니다..

형용사 시리즈 정리

형용사 시리즈는 명사의 앞 또는 뒤에서 명사를 수식하며, 형용사 시리즈의 수식을 받은 명사는 명사구(noun-phrase)라고 불리게 됩니다.
명사구는 명사와 함께 주어, 명사보어, 동사의 목적어, 전치사의 목적어 역할을 담당하기 때문에 문장 속에 자주 등장할 수밖에 없습니다.
이런 명사구를 마음대로 만들고 활용할 수 있는 능력은 멋진 문장을 써 내는 데 너무나 중요하지요.
그렇게 하기 위해서는 한국어의 명사구 형태에 알맞은 영어의 명사구를 만들어 낼 수 있어야 하겠습니다.
명사구는 원래 문장이었습니다. 즉, 문장 속의 명사가 문장 밖으로 빠져나오고 남은 부분이 형용사 시리즈가 되는 것이지요.
형용사 시리즈는 형용사, 형용사구, 형용사절, 부정사구, 분사구로 이루어집니다. 이들 중 단어 형태인 형용사, 분사는 앞에서 그리고 절과 구 형태인 형용사절, 형용사구, 분사구, 부정사구는 뒤에서 명사를 수식하지요.
지금까지 공부한 형용사 시리즈를 정리해 보고 스스로 명사구를 만들어 낼 수 있는지 확인해 보았으면 합니다.

MAP	문장성분	품사	구	절	준동사	
	주어	명사	명사구	명사절	동명사	부정사
	동사	동사				
	목적어	형용사	형용사구	형용사절	부정사	분사구
	보어	부사	부사구	부사절	부정사	분사구

형용사, 분사 + 명사
a brave boy
growing children
the broken computer

명사 + 전치사
books on the desk
people at the concert
water in the cup
your thoughts about that
importance of doing that
result without efforts
the meaning of what I say

전치사는 부사구 또는 형용사구를 만드는 품사입니다. 영어의 전치사가 다양한 만큼 명사를 수식하는 형용사구의 쓰임도 매우 다양하겠지요. 특히, 전치사의 목적어로 동명사와 명사절을 사용할 수 있기 때문에 유용합니다.

명사 + 주격 관계대명사
people who love gardening
flowers that smell sweet
명사 + 목적격 관계대명사
the people who I know
the stories that I used to love
명사 + 소유격 관계대명사
a boy whose father is a singer
the flower whose scent I like
명사 + 관계부사
the time when they fell in love
the place where I grew up
the reason why I can not do that
the way that they are living
명사 + 전치사+관계대명사
cup into which she poured the water
the day by which I should finish it
people with whom you are living

형용사절은 명사구의 가장 기본 형태지요. 형용사절을 만드는 관계사는
관계대명사(who, whom, whose, which, that)와 관계부사(when, where, why, that)로 구분할 수 있습니다. 관계대명사는 다시 주격, 목적격, 소유격으로 나누어지며 이들 중 목적격 관계대명사는 생략할 수 있습니다. 그리고 주격 관계대명사는 'be 동사'와 함께 있을 때 생략할 수 있으며 [관계대명사+be]의 생략으로 형용사절은 형용사, 형용사구, 현재분사(구), 과거분사(구)로 간단히 할 수 있습니다.

명사 + 분사구
a woman driving the car
the boy raised by wolves
library built in 1900
library being built there

명사 + to ~
books to read
place, time, reason, way to go
wish, desire, dream to do that
decision, promise to allow me to go
attempt, efforts to save the animals
need, chance to do what you want
right, duty to live in happiness
ability, power to make others happy

명사 + to ~ 전치사
paper to write on
pencil to write with
friends to play with

부정사는 'will, should, can'의 의미를 가진 형용사절을 간단히 표현하는 방식이었지요.
그리고 습관적으로 부정사와 결합하는 명사들은 꼭 익혀두어야 하겠습니다.

불규칙 동사 (irregular verbs)

arise – arose – arisen 일어나다, 생기다	fall – fell – fallen 떨어지다, 되다
awake – awoke – awoken 깨다, 깨어나다	feed – fed – fed 먹이, 음식을 주다
bear – bore – born(e) 낳다, 견디다	feel – felt – felt 느끼다
beat – beat – beaten 치다, 두드리다	fight – fought – fought 싸우다
become – became – become 되다	find – found – found 찾다, 발견하다
begin – began – begun 시작하다	fly – flew – flown 날다, 날리다
bend – bent – bent 구부리다, 휘다	forbid – forbade – forbidden 금지하다
bet – bet – bet 내기하다	forget – forgot – forgotten 잊다
bind – bound – bound 묶다, 매다	forgive – forgave – forgiven 용서하다
bite – bit – bitten 물다, 뜯다	freeze – froze – frozen 얼다, 얼리다
bleed – bled – bled 피 흘리다	get – got – got / gotten 얻다, 되다, ~게 하다
blow – blew – blown 불다	give – gave – given 주다
break – broke – broken 깨다, 고장나다	go – went – gone 가다, 되다
breed – bred – bred 사육, 번식하다	grind – ground – ground 갈다, 연마하다
bring – brought – brought 가져/데려오다	grow – grew – grown 자라다, 키우다, 되다
broadcast–broadcast–broadcast 방송하다	hang – hung – hung 걸다, 매달다
build – built – built 건설하다, 짓다	have – had – had 가지다, ~하게 하다
burst – burst – burst 터지다, 폭발하다	hear – heard – heard 듣다
buy – bought – bought 사다	hide – hid – hidden 숨다, 숨기다
catch – caught – caught 잡다	hit – hit – hit 치다, 때리다
choose – chose – chosen 고르다, 선택하다	hold – held – held 잡다, 유지, 소유하다
cling – clung – clung 매달리다, 집착, 고수하다	hurt – hurt – hurt 다치다, 해하다, 아프다
come – came – come 오다, 되다	keep – kept – kept 지키다, 유지하다
cost – cost – cost (비용이)들다	kneel – knelt – knelt 무릎 꿇다, 굴복하다
creep – crept – crept 기다, 기어가다	know – knew – known 알다
cut – cut – cut 자르다	lay – laid – laid 놓다, 눕이다, 눕다
deal – dealt – dealt 다루다, 대처하다	lead – led – led 이끌다, 주도하다
dig – dug – dug 파다, 발굴하다	lean–leant/leaned–leant/leaned 구부리다, 기대다
do – did – done 하다	leave – left – left 떠나다, 남겨두다, 내버려 두다
draw – drew – drawn 그리다, 끌다	lend – lent – lent 빌려주다
drink – drank – drunk 마시다	lie – lay – lain 눕다, 놓여있다
drive – drove – driven 몰다, 운전하다	lie – lied – lied 거짓말하다, 속이다
eat – ate – eaten 먹다	light–lit/lighted–lit/lighted 불 붙이다, 밝게하다

lose – lost – lost 잃다, 지다	sow – sowed – sown/sowed (씨를) 뿌리다
make – made – made 만들다	speak – spoke – spoken 말하다, 연설하다
mean – meant – meant 의미하다	spell – spelt/spelled – spelt/spelled 철자하다
meet – met – met 만나다	spend – spent – spent (돈, 시간을) 쓰다
mow – mowed – mown/mowed 베다	spill – spilt/spilled – spilt/spilled 쏟다, 엎지르다
overtake–overtook–overtaken 따라잡다, 추월하다	spit – spat – spat 침을 뱉다, 내뱉다
pay – paid – paid 지불하다, 갚다	spread – spread – spread 퍼지다, 확산하다
put – put – put 두다, 놓다	stand – stood – stood 서다
read – read – read 읽다	steal – stole – stolen 훔치다
ride – rode – ridden 타다	stick – stuck – stuck 붙다, 고수하다
ring – rang – rung 울리다	sting – stung – stung 쏘다, 찌르다
rise – rose – risen 오르다, 뜨다, 일어나다	stink – stank – stunk 악취가 나다, 코를 찌르다
run – ran – run 달리다, 경영하다	strike – struck – struck 치다, 때리다, 충돌하다, 파업하다
saw – sawed – sawn/sawed 톱질하다, 자르다	swear – swore – sworn 욕하다, 맹세하다
say – said – said 말하다	sweep – swept – swept 쓸다, 청소하다
see – saw – seen 보다	swell – swelled – swollen/swelled 붓다
sell – sold – sold 팔다, 팔리다	swim – swam – swum 수영하다
send – sent – sent 보내다	swing – swung – swung 흔들다, 휘두르다
set – set – set 놓다, 설정하다	take – took – taken 잡다, 받다, (시간 등)이 걸리다
sew – sewed – sewn/sewed 바느질하다	teach – taught – taught 가르치다
shake – shook – shaken 흔들다, 떨다, 악수하다	tear – tore – torn 찢다
shed – shed – shed 떨어지다, 흘리다	tell – told – told 말해주다, 말하다
shine – shone – shone 빛나다, 비치다	think – thought – thought 생각하다
shoot – shot – shot 쏘다	throw – threw – thrown 던지다
show – showed – shown 보여주다	understand – understood – understood 이해하다
shrink – shrank – shrunk 오그라들다, 감소하다	wake – woke – woken 깨다, 일어나다
shut – shut – shut 닫다, 막다, 차단하다	wear – wore – worn 입다, 쓰다 / 해지게, 닳게 하다
sing – sang – sung 노래하다	weep – wept – wept 흐느끼다
sink – sank – sunk 침몰하다, 가라앉다	win – won – won 이기다, 타다
sit – sat – sat 앉다	wind – wound – wound 술차게하다, 휘감다, 구불러지다
sleep – slept – slept 자다	write – wrote – written 쓰다
slide – slid – slid 미끄러지다	
smell – smelt – smelt 냄새가 나다, 냄새 맡다	

영어작문

누구나 배울 수 있는

프로젝트

— 문법 정리 —